実践的問題中心
カリキュラムに基づく
家庭科授業

理論と実践

ユ・テミョン、イ・スヒ 著

倉元綾子 訳

南方新社

■著者

ユ・テミョン（유태명, 兪泰明）　高麗大学校・家政教育科・教授, Ph.D.

著書　　　『高等学校「技術・家政」』・『同指導書』（共著, チョンジェ教科書, 2013），『中学校「技術・家政」2』・『同指導書』（共著, チョンジェ教科書, 2013），『中学校「技術・家政」1』・『同指導書』（共著, チョンジェ教科書, 2013），『実践的家庭科の授業Ⅰ』（共著, 新光出版社, 2004），『実践的家庭科の授業Ⅱ』（共著, 新光出版社, 2004）ほか多数

2018年　高麗大学校・家政教育科・教授
2016年　梨花女子大学校・教育大学院・招聘教授
2004-2005年　オレゴン州立大学・家族消費者科学部・客員教授
1995年　国立慶尚大学校・師範大学・家政教育科・教授
1991年　ペンシルバニア州立大学・家政教育科修了（Ph.D.）
1987年　ペンシルバニア州立大学・家政教育科修了（教育学修士）
1979年　梨花女子大学校卒業

イ・スヒ（이수희, 李秀禧）　ソウル大学校・講師, Ph.D.

著書　　　『中学校「技術・家政」教科書（1，2，3）』（共著, 同和社），『健康な家庭づくりのための家族生活教育』（新光出版社, 2005），『家庭科教材研究および指導法』（共著, 新光出版社, 2001），『家庭科の授業こうしてみるとどうでしょうか』（共編著, 新光出版社, 1997）ほか

ドイツベルリン自由大学・客員研究員
米国ブリガム・ヤング大学・客員研究員
中央大学校大学院・家政学科家政教育専攻（Ph.D.）
日本お茶の水女子大学大学院・家政学研究科（家庭教育専攻）修学

■出版社
ブック・コリア（북코리아）, 城南市, 京畿道, 大韓民国

訳者はしがき

はじめに：本書翻訳の動機

　近年，個人・家族・コミュニティの変容やOECD PISA（Programme for International Student Assessment，生徒の学習到達度調査），OECD Education 2030などからの示唆の結果，家庭科教育も変貌してきている。特に2017年改訂学習指導要領では教育内容の枠組みが変化し，教育現場ではその理解と新しい問題解決的授業手法への取り組みが強く求められている。

　日本では，『現代アメリカ家庭科カリキュラムに関する研究』（林，風間書房，2002）や『新しい問題解決学習：Plan Do Seeから批判的リテラシーの学びへ』（荒井，鈴木，綿引，教育図書，2009）などが，米国のブラウン，ラスターの研究，オハイオ州の事例などを紹介し，問題解決学習に関する研究を推進してきた。しかしながら，その核心となる「実践的推論プロセス」は，日本にとっては新しい教授・学習戦略であり，その導入と展開は必ずしも容易ではない。

　韓国では，ユ・テミョン氏とイ・スヒ氏を中心として「実践的推論プロセス」に関する研究が推進された結果，2007年改訂（以下，韓国でのカリキュラム改訂については，2007改訂，2009改訂等と表す）でカリキュラムに「実践的推論プロセス」が導入された。本書はそのために積み重ねられた研究の成果である。アリストテレスにまで遡る「実践的推論プロセス」の基礎的理論を深く論じるとともに，授業の進め方について事例を示して順を追って実践的・具体的に論じている。また，本書は，家庭科・家政学に対する理解と認識を促すものとなっている。ブラウン，パオルチの『家政学の使命』，IFHE ポジション・ステートメント2008などを的確に位置づけ，家庭科・家政学をつうじて「個人・家族・コミュニティ・社会におけるウェルビーイングをめざしている」ことが理解できるようになっている。これらは，家政学についての歴史的社会的理解にとって有効である。

　翻訳者は，これまで主として家政学原論および家庭生活教育に関する研究

を継続的に行ってきたが，2012年，高橋桂子氏（実践女子大学）の導きによって，ユ・テミョン氏，イ・スヒ氏に出会い，実践的問題解決授業について知る機会を得て，本書に出会った。髙橋氏と筆者は，この際の調査に基づいていくつかの報告を行った（高橋・倉元「韓国・家庭科における実践的問題プロセスに基づく授業展開の事例報告」日本家庭科教育学会第51回大会，2013など）。その後，さらに本書を読み進めるうちに，内容の重要性と議論の深さに強い感銘を受け，本書が日本における問題解決学習の推進に大きく寄与することを確信した。こうして，本書全体を翻訳したいと考えるにいたった。

　本書の翻訳はまた，すでに米国家政学による『家政学再考』（近代文芸社，2003），『家政学未来への挑戦』（建帛社，2003），『アメリカ・ホームエコノミクスの歴史』（近代文芸社，2005）などの理解をうながし，家政学原論および家政学全体の歴史と研究に資するものになる。

著者について

　本書の著者，ユ・テミョン氏とイ・スヒ氏はいずれも韓国家政学・家庭科教育を代表する研究者・リーダーであり，韓国家政科カリキュラムの進歩に重要な貢献をしてきている。ユ・テミョン氏は多くの重要な著作のほか，IFHE での重要な基調講演を行っている（Current status and future directions of Home Economics curriculum in Korea, IFHE Precongress Conference, 2016, Daejeon, Korea など）。イ・スヒ氏はお茶の水女子大学大学院に留学して指導教授の牧野先生と共同研究をし，たびたび韓国の家庭科教育の状況について日本家庭科教育学会誌などに執筆している（「年間シリーズ　諸外国の家庭科教育7　韓国の家庭科教育」，2018）。氏は語学に堪能で，本書の翻訳では不明点に関する質問に対して懇切丁寧にご教示をいただいた。

本書刊行の意図

　本書は，日本語版序文および序文に記されているように，家庭科・家政学

に関わる人々が新しい観点・実践的問題中心カリキュラムに基づく家庭科の授業を実践するのに必要なコンピテンシーの強化と授業能力向上を意図している。また，実践的問題中心カリキュラムの理論的基礎であるブラウンやハバーマスなどの批判的観点（実践概念，行動体系概念，知的思考能力など）について的確に理解することを意図している。

本書の構成と概要

　本書は，第1部・理論的基礎，第2部・授業設計の中核的要素，第3部・授業開発と実行のプロセス，から構成されている。また，学習・研究の手がかりとし，理解を深めるために，詳細な注が付されている。

　なお，翻訳にあたって，原著者によって，2010年以降の情報が追加された。また，翻訳者によって，図表一覧，索引を追加した。

　本書の概要を示しておきたい。

　第1部は「実践的問題中心カリキュラムに基づく家庭科の授業の理解」である。理論的基礎について議論している。

　第1章「追求する人間像：実践的知恵を持つ人（フロニモス）」では，実践領域に光を当てたアリストテレスの知的徳論に依拠して議論している。プラクシス（実践的活動）とは「個人および家庭生活で道徳的に実践する行動，個人および家庭生活で熟考を通じて善を具体化または実現する行動，あるいは個人および家庭生活で最高の善（幸福，安寧）を追求する良い生」，フロニモスとは「個人および家庭生活で直面する実践的問題の具体的状況において自分だけでなく全体のために最高の善を具体化するプラクシスをすることができる人」としている。

　第2章「性格：批判科学的観点での実践」では，ハバーマスの『理論と実践』に依拠して，古典的，近代的，コミュニケーション的実践概念という思想史的変遷と，それが家政学の使命や家庭科教育が指向する実践概念を明確にするのに寄与したことを示している。また，「技術偏重」，「理論偏重」など，実践概念のわい曲についても言及している。

　第3章「目標：3つの行動体系」（技術的行動，コミュニケーション的行

動，解放的行動）では，これらが知識を導きだす人間の根本的な認知的関心の概念および知識理論を構成する主要な概念として，ハバーマスによって提示され，ブラウンの批判科学家政学パラダイムの理論的背景になったことを示している。実践的問題中心カリキュラムではこの批判科学の観点に基づいて，「自分たちは何をするべきか」が焦点となっている。

　第4章は「カリキュラム構成の中心：実践的問題」である。実践的問題は，毎日の生活で直面し解決していく生活の具体的状況における行動，実践活動（doing）に関連しており，問題の背景と脈絡，解決の仕方，望ましい行動を含んでいるとする。また，世代を越えて繰り返し起こる（恒久的）という本質，個人と家族の発達変化する生涯の段階によって異なるという本質，問題解決が将来に寄与するという本質を持つことを指摘している。このような実践的問題の特徴から，実践的問題中心カリキュラムに関する議論（なぜ新しいアプローチ法のカリキュラムが必要か；概念，原理，知識，理論などをどのように扱うか；技能や技術的側面をどのように扱うかなどについて述べている。

　「家庭科の性格や内容は道徳科や社会科とどのように異なるか」に関しては，類似した，あるいは同じ主題でも，家庭科領域をよく維持していかなければならないとする。主題，生活課題は，家庭科固有の領域とされてきた衣食住，家族などの生活世界の私的領域（private sphere，生活世界：個人と家族）に限定されず，共同体の生活，市民活動，地域社会と仕事，社会的支援体系，文化創出など，生活世界の公共圏（public sphere）にまで拡大されなければならない（p.48-50）。このことから，家庭科独自の観点（社会的―個人的）を持って問題にアプローチしなければならないとしている。

　第5章「教授・学習方法：実践的推論」では，実践的問題中心カリキュラムの核心である実践的推論について論じている。実践的推論が要請される状況の4種類の特性を提示している。すなわち，①価値に関連している，②行動する必要がある，③不確かで変化する周囲環境，④どのような最善の行動を取らなければならないかに対する明確な答がないという点である。実践的推論は，このような新しい問題に直面した時，自分で問題を解決できる能力，

生涯にわたって持続的に維持できる能力を育てるとしている。実践的推論プロセスの要素（価値を置いた目標，問題の脈絡と背景，代替的行動と方法，行動の波及効果，行動と評価）について詳述し，取り扱う内容と問いを提示し，このような授業の流れを図式化している。また，各要素は同時に考慮され，分離できない一連の知的活動であると指摘している。

　第2部は「実践的問題中心カリキュラムに基づく家庭科の授業設計」である。具体的で多様な事例を示し，授業設計の核心的要素について論じている。なお，多くの事例は明快に理解できるように図表化されている（図表一覧参照）。

　第1章「授業の観点」では，カリキュラム開発の観点を示している。カリキュラムの目標，内容，組織に対する考え方および信念を土台にして，授業の目標，内容，授業方法，評価などが構成されるとする。特に，批判的観点にたった授業設計の方法では，価値を置いた目標は何か，学習者・知識・社会などに関する仮定は何かなど，立場を決めたのち，意思決定の価値と基準，予測可能な結果を明確にするプロセスを提示している。また，絶えず自己省察するプロセス，一貫した授業設計，狭義の主題から広義の概念への転換が必要であるとする。

　実践的問題中心授業では，問題認識，実践的推論（情報探索，代替案評価，行動選択，結果評価）を骨格とし，最後に整理と評価を行う。授業の核となるのは「問い」であり，生徒の思考を促し，行動へと導く。

　第2章「実践的問題の開発」では，家庭と家族の恒久的で実践的問題を中心に再構成するプロセスの理解と，実践的問題の開発を具体的に示している。

　カリキュラムに基づく実践的問題の再構成の事例ではオレゴン州の変換方式，家政学の下位領域の統合が提示されている。後者の事例は2007改訂カリキュラムに基づくもので，青少年の生活，家族の生活，家族生活の実際を中心とした衣・食・消費生活領域の統合的に取り扱いを明示している。また，「青少年が自立的に生活するために，食・衣・消費生活に関して何をするべきか」などの問題に変換するとき，生徒は自らをその行動主体として認識しやすいと指摘している。このほか，生徒の個人，家族，家庭生活の実態の診

断を基礎にした実践的問題の再構成についても提示している。

　さらに，米国の事例を示し，学習者の実際的な問題をもとにした技術的行動体系重視型実践的問題中心カリキュラム（オハイオ州，オレゴン州），コミュニケーション的行動重視型実践的問題中心カリキュラム（メリーランド州），解放的行動体系重視型実践的問題中心カリキュラム（ウィスコンシン州）を挙げている。

　第3章「実践的問題のシナリオ製作」では，シナリオ製作の事例を具体的に示している。シナリオ製作では，生徒の問題解決を可能にする具体的条件（カリキュラムや教師が再構成した授業で扱おうとする概念，その問題に関連した社会文化的脈絡，歴史的脈絡など）を含めること，生徒の探究と資料の組織化の促進を支援する適切な段階的推論プロセスのチャートや実践的推論思考シートを提示する必要性を指摘している。事例として直接製作した実践的問題シナリオ（家族の栄養と健康），新聞資料を活用した実践的問題シナリオ（食品の選択と購入），写真資料を活用した実践的問題シナリオ（家庭生活と福祉），映像資料を活用した実践的問題シナリオ（青少年の食生活，映像資料「スーパーサイズ・ミー」）を提示している。

　第4章「問いの開発」では，3つの行動体系に関連する問い（技術的問い，概念的問い，批判的問い）について論じている。特に，解放的行動に関連する問い・批判的問いを通じて，概念的問いで得られた事実が果たして真実であるかを明らかにすることができるとしている。多角的な視点から状況を検討することは，自分だけでなく，社会のために最善の行動の模索につながり，思考を転換させ，行動も変化させる。

　「推論のための問いの類型」では，問題を定義する問い，情報収集のための問い，代替案の選択とその結果に対する問い，What-If に対する問いを示している。また，各プロセスは順番にではなく，反復される場合があると指摘する。

　さらに，実際の授業での問いの構成事例，「献立と食品選択」単元の教授・学習プロセス案とワークシート，生態系との共存のための食品選択に関して，私たちは何をするべきかを詳細に示している。

第5章「評価項目の開発」では，観点による評価の構成要素，評価の観点（技術的観点，個人に関連する観点，批判科学的観点）を論じ，評価の目的（社会的問題を解決できる生徒の能力；学習促進；探求と問題解決），評価質問例（行動したことなどのうち，何が肯定的／否定的寄与をしたかなど）について論じている。また，代替的評価ツールとして，パフォーマンス評価，実践的問題中心授業での紙と鉛筆による評価の質問項目例を挙げている。

　第3部「実践的問題中心カリキュラムに基づく家庭科の授業の実際」では，授業展開の詳細を示している。

　第1章「実践的問題中心授業のプロセス」では，実践的問題中心授業の流れ（1．問題の確認：実践的問題「ジェンダー平等な名節文化を創造するために，私たちは何をしなければならないか」，2．問題の背景の理解，3・4．問題の脈絡の理解，5．価値を置いた目標，6．代替案，7．行動の結果の考慮）と，学習資料（泣く名節？　笑う名節！，私たちの家族はどれくらい平等か！，KBS人間劇場・主夫）を提示している。

　第2章「実践的問題中心授業の開発と実行」では，授業の観点の定立，実践的問題の開発，実践的問題中心授業の設計を，事例を用いて示している。「持続可能な消費文化形成のために私たちは何をするべきか」では，問題の究明プロセス（『持続可能な消費』とは何か，概念的問い，概念獲得プロセス，2つの事例）を挙げている。推論のための問いでは，段階1で目標を再確認し，段階2で問題の背景，持続可能な消費にとってなぜ問題かを省察する。名品（高級品）とは何か，名品（高級品）消費の原因，持続可能な消費なのか，名品（高級品）消費の問題点，名品（高級品）消費は個人だけの問題か社会に責任はないかについて省察している。段階3で目標達成のための可能な手段や戦略，代替案を考え，段階4で代替的行動の結果についての推論，予想される結果を推論し，段階5で行動について判断を下すことになる。

謝辞

　本書翻訳にあたって，原著者のユ氏とイ氏には本当に大変お世話になった。丁寧に文言の確認や示唆をしていただいたことによって，よりよく理解する

ことができ，適切な翻訳をすることができた。特に高麗大学校での2日間には教室や食事，飲み物など，あらゆる面でご支援いただいた。心から謝意を表します。

　高橋氏にはこの翻訳を始める契機を提供していただいた。李秀眞氏（弘前大学）にもご支援いただいた。鹿児島県立短期大学および西南学院大学の学長や同僚の皆様の支援も不可欠であった。心からお礼申し上げます。

　父（2016年に他界）や母，きょうだいはいつも私を支えてくれている。感謝したい。

　最後に，なかなか仕上がらない原稿を辛抱強くお待ちいただいた南方新社の向原祥隆社長と，本書の出版を助成くださった西南学院大学には深く感謝いたします。

凡例

1. 本書は，ユ・テミョン（유태명，兪泰明），イ・スヒ（이수희，李秀禧）の実践的 문제 중심 가정과 수업 –이론과 실제，북코리아，2010の全訳である。
2. 原文の引用符 " " は「 」で，またその中の ‘ ’ は『 』で示した。
3. 〔 〕の中の語句は，原文にはないが，訳者が文意を補完するために付け加えたものである。
4. 原文には付していないが，本文と区別した方がわかりやすい語句は「 」で囲った場合がある。
5. 書名，雑誌名は，『 』で示した。
6. キーワード，組織名，人名，書名，雑誌名などには，英文・漢字・音訳カナ書きを併用したものもある。

日本語版序文

　『実践的問題中心カリキュラムに基づく家庭科授業』は家庭科教育に対する新しい観点を紹介して家政学専攻の学部生と院生，家庭科教師，および大学の研究者たちが新しい観点によって専門活動を広げることを熱望して執筆した。新しい観点は米国ミネソタ大学の Marjorie M. Brown 教授の哲学に基づいており，Brown 教授が Jurgen Habermas をはじめとした批判理論家の理論を家政学と家政教育学の専門活動のために発展させた批判的観点である。

　家政教育学において批判的観点を理解するには，実践の概念と行動体系の概念と同じように深い理論的背景が要求される。このような概念だけでなく，実践的推論プロセスと同様に，知的思考能力を育てることができるようにするための多少複雑な要素に対する理解もまた必要である。この観点に初めて接する家政学専攻の学部生と院生，家庭科教師，および大学の研究者たちが，これらの観点に基づいて専門活動を展開するのは容易ではない。

　倉元教授は批判的観点をより分かりやすく理解するのに役立てるために，本書を日本に紹介しようと考え，翻訳書の出版を企図した。私たち著者は『実践的問題中心カリキュラムに基づく家庭科授業』の日本語版が出版されるに至ったことを無限の光栄と感じている。また，何よりもこれを実現するようにされた倉元教授の決断に大きな感謝を申し上げる。私たち著者は翻訳書を検討する過程で，倉元教授の言語的卓越性と，内容に対する深みのある理解，論理的思考能力に感銘を受けた。

　この本は，第1部では実践的問題中心家庭科授業に対する理論的基礎を，第2部では実践的問題中心家庭科授業を設計する際の中核的要素を，第3部では具体的な例を通じて実践的問題中心家庭科授業を開発し実行するプロセスを扱っている。

　韓国で，著者らは1990年代から批判的観点の家政科教育カリキュラムと授業を紹介して，著述および研修に継続的に参加してきた。このような努力

の成果として，2007改訂国家カリキュラム以降，批判的観点が韓国家庭科国家カリキュラムの哲学的背景になっている。

　この本の翻訳書が出版され，日本における批判的観点の普及に大きな貢献をすることを期待している。何よりも，日本の家政学専攻の学部生と院生，家庭科教師，および大学の研究者たちが『実践的問題中心カリキュラムに基づく家庭科授業』に，さらに多くの関心を持つようになり，批判的観点に基づいて専門活動を発展させていくために，この本が大きな足がかりになることを期待している。

　韓国の2人の著者は，家庭科教育の新しい観点が韓国に根を下ろすことを意図して執筆した。今度は，日本でその種子になって根づくことを祈って…。

著者　ユ・テミョン，イ・スヒ

序文

　本書は〔韓国〕学術振興財団から支援を受けた教科教育共同研究課題プロジェクトの一部で提供した研修プログラム教材を発展させたものである。この研究は家庭科教師の授業改革のコンピテンシー（力量）強化と教室での授業能力向上のために新しい次元の研修が要請されていることを認識して始まった。また，質的研究を通じて，研修プログラムを開発，実行，評価することによって新しいカリキュラムの導入に備え，同時に家庭科教師の教授能力を強化できる質の高い教材を開発，普及しようとした。

　本書の内容構成は次のとおりである。第1部では，実践的問題中心カリキュラムに基づく家庭科の授業の基礎である実践的批判的家庭科パラダイムの主要概念を扱った。韓国カリキュラム総論と各論を構成する要素となる概念を理論的基礎として扱うことによって教師が実践的問題中心授業を設計，開発，実行しようとする時，理論を土台に実践することができるようにしている。

　第2部では，実践的問題中心家庭科の授業を計画する時の核心となる要素である授業の観点の決定，実践的問題の開発，実践的問題状況のシナリオの構成，実践的問題中心授業における問いの開発，実践的問題中心授業における評価項目の開発などを具体的に扱っている。

　第3部では，第2部での経験を基礎に，実践的問題中心カリキュラムに基づく授業の核心要素などが全体授業プロセスでどのような役割を果たしているか，授業作りのプロセスを通じて，実践的問題中心授業を理解するようにした。特に，第2，3部では教師が実際に授業を開発して実行するプロセスにおいて，訓練を必要とする部分を多様な事例を用いて，具体的に説明している。

　本書が，今後，家庭科教師の主導的な教授力量の向上に活用され，家庭科の授業の発展に寄与し，さらに研修・専門家養成プログラムで活用されることを期待する。また，現場の家庭科教師だけでなく，大学の家政学・家政科

教育学専攻生，大学院生，予備教師が新しいパラダイムの家庭科の授業を正しく理解して実践するのに役立つことを願っている。

2010年2月
ユ・テミョン，イ・スヒ

目次

目次

図表一覧

第1部

実践的問題中心カリキュラムに基づく
家庭科の授業の理解

　　第 1 部では実践的問題中心カリキュラムに基づく家庭科の授業が基礎にしている実践的批判的家庭科パラダイムの主要概念を扱っている。すなわち，韓国のカリキュラム総論と家庭教科各論を構成する要素となる概念を理論的基礎として扱い，教師が実践的問題中心授業を設計・開発・実行しようとする際，理論の理解を土台にして実践できるようにしている。

第1章
追求する人間像：実践的知恵を持つ人

　家庭科教育で追求する人間像とはどういうものか？　本書の冒頭でこれを論じるのは，本書を手にするすべての読者が，専門的活動の主要領域や任務は異なっていても，活動の基礎にしなければならない概念だからである。カリキュラムが改訂されるたびに，カリキュラム総論において，弘益（ホンイク）人間〔広く人間世界に利益を与えること，檀君の建国理念，檀君とは伝説上の朝鮮の開祖〕の理念の下，韓国教育が追求する人間像が提示されてきた。しかし，これを授業設計に積極的に反映させる教師は実際には多くはない。そのため，人間像は役割を果たしていないと言える。さらに，家庭科教育を通じて追求する人間像も明示されておらず，各論に提示された性格や目標を通じて類推するしかない。このような状況で，家庭科教育専攻生には追求する人間像を想定し，教育，研究，普及のすべての側面で，この実現に実際に貢献するように専門の活動を実践していく道徳的責任がある。

01　個人，家族，社会の関係についての観点

　家庭科教育において追求する人間像を想定する作業は，個人としての人間，家族，社会，文化の構造のなかで行われなければならない。単純に『個人は家族を構成し，家族は社会を構成する１つの単位である』といった個人，家族，社会に対する観点では，専門の活動を深く実践するのは難しい。なぜなら，個人，家族，社会は物理的な存在である以上に，価値と理念，人間関係と行動，歴史と文化，制度と政治経済体系などの脈絡と現象のなかで存在しているという本質を持っているからである。これに対して，ブラウン（Brown, 1980, 1995）は，『人間の自我形成能力と家族の教育的機能，社

会の自由な条件が全て相互互恵的な関係のなかで作用する時，自由な人間と自由な社会が具体的に実現できる』と考えた。ハバーマス（Habermas, 1984, 1987）は，『人々が相互作用する私的領域（private sphere）と公共圏（public sphere）である生活世界において，コミュニケーション的実践を行い，他者と意味のある象徴的再生産プロセスや自我発達を成し遂げていくことができる人間像』を提案している。

02　プラクシスと実践的知恵

　ブラウンとハバーマスは，ともに，理論と実践についての議論をアリストテレスのプラクシス（praxis）[1] 概念に関係させているので，古典的意味の

1）アリストテレスが使用したギリシア語の用語は，韓国だけでなく世界の色々な国の多様な用語に解釈されている。混同を避けるために色々な文献で使われている用語の事例を提示する。
　人間の活動と関連した用語の使用
　① theoria（テオリア）：観照的活動（キム・キス，1997），思弁的生活（キム・テロ，1991），思索する生活（イ・キョンヒ，1987）
　② praxis（プラクシス）：実践的活動（キム・キス，1997），実践（キム・ナムヒ，2004;ピョン・チャンバン，1999），行為（ピョン・チャンバン，1998），行動（チョン・チェウォン，1993），実践的生活（キム・テロ，1991）
　③ poiesis（ポイエシス）：製作（ピョン・チャンバン，1999），生産的活動（キム・キス，1997），技術（ピョン・チャンバン，1998），製作的活動（キム・キス，1997）
　知的徳と関連した用語の使用
　①sophia（ソフィア）：完全知（ピョン・チャンバン，1999），知恵（チェ・ミョングァン，1984），理論的知識（キム・キス，1997 ; チョン・チェウォン，1993），哲学的知恵（キム・キス，1997），論理的知恵（イ・キョンヒ，1987）
　②episteme（エピステーメー）：学的認識（キム・キス，1997 ; チェ・ミョングァン，1984），理論知（パク・ソンホ，1990），学問知（キム・テロ，2004），論証知（ピョン・チャンバン，1999），知恵または知識（イ・キョンヒ，1987）
　③nous（ヌース）：直観（キム・キス，1997 ; ピョン・チャンバン，1999）．理性（イ・キョンヒ，1987 ; チェ・ミョングァン，1984）
　④phlonesis（プロネシス）：実践的知恵（キム・キス，1997 ; パク・チョンギュ，1985 ; イ・キョンヒ，1987），実践知（キム・テロ，2004 ; キム・プンミ，1991 ; パク・ソンホ，1990 ; ソン・ヒョンソク，2000 ; チェ・ミョングァン，1984 ; ピョン・チャンバン，1999），賢明さ（チョン・ホンジャン，2005），実際的知恵（キム・ヒョンジュ，2001），思慮（チェ・ミョングァン，1984）

プラクシスを行う人を家庭科教育で追求する人間像の概念として提示してみ
たい。アリストテレスによれば，人間の実践的活動であるプラクシスを可能
にするのは実践的知恵（phronesis）であり，同時に実践的知恵は実践的活
動を通じて形成されることから，これら二つは相互互恵的な関係にある。こ
のような実践的知恵を持つ人をフロニモス（phronimos）としている。アリ
ストテレスは知的徳を，精神的部分と認識的部分に分類する。〈図 1.1〉のよ
うに，実践的知恵は技術知とともに精神的部分に，知恵・理性・学問知は認
識的部分に分類されている。

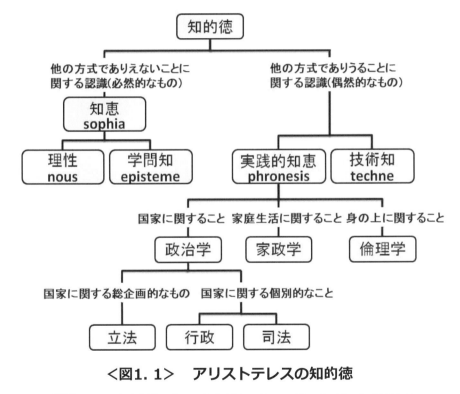

<図1. 1>　アリストテレスの知的徳

資料 : East(1980)，Ross(1949)，チェ・ミョングァン(1984).

---

⑤　techne（テクネ）: 技術（キム・キス，1997），技術的生活（キム・テロ，1991），
技術知（パク・ソンホ，1990），製作知（ピョン・チャンバン，1999））

人間の生		知的徳
観照する生 （テオリア，theoria）	←seeing→	学問知 （エスピテーメー，episteme）
製作する生 （ポイエシス，poiesis）	←making→	技術知 （テクネ，techne）
実践する生 （プラクシス，praxis）	←doing→	実践的知恵 （フロネシス，phronesis）

＜図1．2＞　人間の生の領域と関係する知的徳

　実践的知恵（phronesis）はラテン語で prudentia と翻訳されて，後にフランス語と英語で慎重さ，用心深いこと，用意周到であることを意味している（キム・キス，1997）。アリストテレス研究の大家であるロス（Ross, 1949）が practical wisdom と翻訳した用語が広く使われている（イ・キョンヒ，1987）。どのような行動が正しい行動かを判断するにあたって，プラトンはイデア（idea）を認識する知恵（sophia）が主要な役割を果たすと考えたが，アリストテレスは実践的知恵（phronesis）の役割と考えた。この部分が，プラトンとは異なっていて，実践領域に光を当てたアリストテレスが評価される部分である。

　ここで実践的活動（プラクシス，praxis），実践的知恵（フロネシス，phronesis），実践的知恵を持つ人（フロニモス，phronimos）はアリストテレスの徳論においてどのような概念として取り扱われたかを検討することにする。[2]

2）第1章の内容はユ・テミョン（2007）。「アリストテレスの徳論に基づく家庭科教育における実践概念考察のための試論（1）：実践的知恵（phronesis）と他の徳との関係についての議論を中心に」。韓国家庭科教育学会誌，19（2），pp. 13-34の一部なので，この部分に対する拡張された概念をより深く理解するためにはこの論文を参照.)

　アリストテレス（NE1095b）[3] は，人間の生を大きく，観照する生（テオリア，theoria），制作する生（ポイエシス，poiesis），実践する生（プラクシス，praxis）の 3 つの類型に区分した（キム・ヒョンジュ，2001）。このような活動と関連する知的徳を，各々，学問知（エピステーメー，episteme），技術知（テクネ，techne），実践的知恵（フロネシス，phronesis）とした。知恵（ソフィア，sophia）とは，理性（ヌース，nous）と学問知（エピステーメー，episteme）を合わせたものである（NE1141a）。したがって，広義には，知的徳を，知恵（ソフィア）・実践的知恵（フロネシス）・技術知（テクネ）と考えることもある＜図 1.1 参照＞。

　テオリア（観照する生）は，観照活動あるいは観照する生で，数学，形而上学，物理学と同じように純粋な実在等に関する研究や，自然およびその内部要素等の運動に関する研究を特徴とする（キム・ヒョンジュ，2001）。知恵を持っている人（ソフォス，sophos）は知恵を用いて真理を観照する。ギリシア人にとって，テオリアは自由人が哲学する，思索する生活だったし，アリストテレスは，観照を人間ができる最善の活動と見なす。この活動は永遠で不変的なものを対象にした自足性と楽しみが最も多い活動である（キム・キス，1997）。テオリアは，本来，野次馬，傍観者を意味し，特別に崇高な生活方法と結びつき，真に自由な人間が指向するところを意味する（Lobkowicz，1967；イ・キョンヒ，1987 再引用）。

　ポイエシス（制作する生）は，制作活動あるいは制作する生であり，技術や工学のようにすでに決まったある種の理論や道理に従って何かを作り出す生活である（キム・ヒョンジュ，2001）。ポイエシスはテクネ（技術知）に

3）NE はアリストテレスの『ニコマコス倫理学』を指す。本書でのアリストテレスの引用はチェ・ミョングァン（1984）から引用した。『ニコマコス倫理学』をはじめとして，アリストテレスの著作のページ数を示すには 2 種類の方法を使っている。チェ・ミョングァン（1984，27）は「1つは19世紀フランスのギリシア語学者ディド（Didot）によるもので，英国の編纂者や注釈者がこれに基づいている。もう1つはベッカー（Bekker）が編纂したプロイセン学術院版に基づくものである」と説明している。例えば，ベッカー版に基づいて Ethica Nicomachea IV, 3. 1139b 31-34と表記した場合，『ニコマコス倫理学』第4冊3章，1139ページ右段31-34行を指す。1ページは二つの段に分けられ，左側は a，右側は b と表記している。本書では，大部分の参考文献と同じようにベッカー版の引用方法に基づいた〔日本語版でも同様〕。

導かれて，その結果，何かを生みだす活動であり，その活動の目的は事前に知られている。すなわち，一種の道具的活動で，内在的目的を持たない。したがって，ポイエシスはある種の目的を達成するために，決まった理論や手続きに従う生産的活動である（キム・キス，1997）。

　プラクシス（実践する生）は，実践的活動あるいは実践する生活であり，政治や教育と同じように人間にとっての善と悪に関して熟考して，これを実現する活動である（キム・ヒョンジュ，2001）。プラクシスは，ギリシア人にとっては政治活動を意味したし，カー（Carr，1995；キム・ヒョンジュ，2001 再引用）は倫理的に熟考された行為と表現している。プラクシスは，ポイエシス（制作する生）と同じように，ある種の目的を成就するための活動であるが，ポイエシスと違って何らかの対象や結果を生むのではなく，むしろ道徳的に価値ある善を実現する行為である（キム・ヒョンジュ，2001）。したがって，目的が行為のなかに内在している。マッキンタイア（Macintyre，1984；キム・ヒョンジュ，2001 再引用）によれば，アリストテレスはプラクシスに関係する実践的知恵（フロネシス）をどのような徳よりも重く取り扱っている。アリストテレスにとって，良い生活とはまさにプラクシスであったからである。プラクシスは，まさに実践的知恵を実践する生活であるから，実践的知恵は人間が良い生活を構成するうえで核心的な要素であると認識していたのである。

03　実践的知恵を持つ人（フロニモス）

　家庭科教育で追求する人間像において，実践的知恵を持つ人（フロニモス）を想定するために，暫定的に家庭科教育におけるプラクシスの概念を提示したい。家庭科教育では，プラクシスを「個人および家庭生活で道徳的に実践する行動，個人および家庭生活で熟考を通じて善を具体化または実現する行動，あるいは個人および家庭生活で最高の善を追求する良い生」（ユ・テミョン，2007）と考えたい。

　アリストテレスによれば，実践的知恵を持つ人（フロニモス）の特性は，「自分自身にとって有益で良いことに関して，よく考えを巡らすことができること」（NE 1140a）および「人間のために良いことと悪いことに関して，真の道理に基づいて行動することができる状態」（NE 1140b）と考えることができる。アリストテレスの実践的知恵の出発点は，他者と共通のことではなく，私に良いことであった。しかし，ポリス共同体の構成員としての個人は，共同体と切り離しては考えられないので，共同体にも良いことを意味する。自分にとって最も良いことが，共同体にも良いことになるためには，共同体意識に関する基本的な素養を育てるという道徳的問題が根本的なものとして提起される。真理，すなわちロゴス（logos）は話をたてるという意で，根拠を提示して解明することを言い，話をたてる相手を求め，前提にする。根拠づけというのは，すでに知っていることを自己化するプロセスであり，根拠づけることに関する知識を前提にする（キム・ポンミ，1991）。実践的知恵を持つ人は，道徳的観点から自分の実践的状況の特殊性を考えることができる人であり，常にこれに基づいて行動する人である（キム・キス，1997）。

　チョン・チェウォン（1993，19）は，アリストテレスが意味する実践的知恵を持つ人について「自分が何を行うかに対して理性的に判断する人，実践的問題に対する答を理性的に探索する人，理性的探索の対象は目的のための手段であるから，すでに目的を真に把握している人」と解釈した。キム・ヒョンジュ（2002）は実践的知恵を持つ人の特性は，熟考するということと，倫理的品性を持つことであると考えた。

　家庭科教育が実践教科であると仮定するならば，家庭科教育を通じて生徒たちを，実践的知恵を持つ人（フロニモス）として教育することを提案するが，そのためには家庭科教育における実践的知恵を持つ人（フロニモス）はどのような特性を持っているのか，具体的に提示することが必要である。その理由は，アリストテレスは「実践知（実践的知恵）は，特に自分だけに関係する知恵と思われているが，実際には他のいろいろなことにも共通する一般的な名称である。この他に，実践的知恵と呼ばれるのは，第一に家庭，第

9

二に立法，第三に政治であり，政治には行政と司法がある。」（NE 1141b）と述べ，こうしたあらゆる分野において実践的知恵の特性と役割は同じであると考えたためである（図 1.1 参照）。

　家庭科教育を通じて指向する実践的知恵を持つ人（フロニモス，phronimos）は，「個人および家庭生活で直面する実践的問題の具体的状況において自分だけでなく全体のために最高の善を具体化するプラクシスをすることができる人である。この時，個人および家庭生活において最高の善である全体の安寧とは何かということや，そのための最善の行動とは何かを真に把握することができ，正しい道理に従って熟慮―選択・決定―実践のプロセスを通じてプラクシスに達することができる，すなわち個人および家庭生活においてより良く行動し，より良い暮らしを維持できる人」（ユ・テミョン，2007: 24-25）と考えたい。ここで，実践的知恵を持つ人は実践的知恵を発現できるいろいろな領域において，「個人および家庭の生活に関すること，自分自身のためだけではなく全体のための道徳的行動，普遍的状況だけでなく具体的あるいは個別状況という実践的領域での行動，人間の最高の善である幸福のために家庭科教育の窮極の目的である全体の安寧を実現すること，安寧に到達するための手段を把握すること，良いことと悪いことに対する道徳的判断と知的活動に基づいた行動，行動の持続性という特性」（ユ・テミョン，2007）を持つ人と解釈することができる。

　注目すべき点は，個人と家庭生活は生活世界の私的領域（private sphere）に限定されておらず，生活世界の公共圏（public sphere）を含むということである。なぜなら，個人と家庭生活の範疇がますます拡大していき，問題の根源や解決も家庭内の私的領域だけではできないので，生活世界の公共圏まで拡大しなければならないということである（第 4 章 p. 49 参照）。

第2章
性格：批判科学観点での実践

01　批判科学観点の家政教科教育学

　家庭科教育において，「実践」という概念は教科の性格，目標，教授・学習法，評価などカリキュラム体系のすべての要素と深く関連している。『家庭科は実践教科である』ということが国家レベルのカリキュラム（教育人的資源部，2007a）に明示されているが，その本質は，家庭科教育の教師教育者や教師によって，多様に解釈され実行されている。これは，教科内部に問題を引き起こすだけでなく，他分野が家庭科教育を解釈する際の観点も多様化させ，国家レベルのカリキュラム総論を開発するたびに，必ずしも教科群の編成および運営に適合できないという状況を免れない。このことは，家庭科教育の学問的発展や教育現場における充実にとって，大きな障害となっている。このような問題は，韓国カリキュラム史を通じて，家庭科が実業教科群の名称で編成されてきており，表面的に表れる教科イメージが，知的活動とは遊離した技術的実習中心の実践教科であると見られるからであろう。

　ユ・テミョン（1992）は批判科学的観点を持つ家庭科教育哲学を紹介した。その後，実践的教科を既存の技術科学的観点から解釈することから脱して，批判科学的観点に基づいて解釈する学者の哲学（ユ教授のレビュー）に呼応し始め，実践批判パラダイムに基づいた学位論文が 50 編余に達し，研究成果が蓄積されている。最近，韓国の各市・道家庭科研究会の活動も実践的問題中心カリキュラム研究に重点を置いている研究会が多いことが把握された。

　これは，韓国だけの傾向ではなく，全世界的な傾向である。2008 年の国際家政学会 100 周年大会における『家政学ポジション・ステートメント

（International Federation for Home Economics, 2008)』や全米家族消費者科学教育学会 National Association of State Administrators for Family and Consumer Sciences Education（2008）が開発した『家族消費者科学カリキュラム・ナショナル・スタンダード（以下，NASAFACS)』に明示されたように，家族消費者科学は実践批判的性格を持っており，その目標は生活世界の私的領域の家庭生活に限定されず，生活世界の公共圏を含んでいて，地域社会や職場の生活領域にまで，技術的，解釈的，解放的行動体系を構築し維持できるように，専門性を発揮することを想定している。また，実践的問題中心カリキュラムと，プロセス指向カリキュラムの特徴が提示され，各内容基準別にプロセスの問いが開発され提示されている。最近改訂された日本の中学校技術・家庭科の学習指導要領（日本文部科学省，2008）でも，家庭科の実践的学習活動と問題解決プロセスが強調されている。新しい学習指導要領についての解釈のために，批判科学としての家政教育学を擁護したブラウン（1980）の家政教育哲学が紹介されている。

02　実践の思想史的意味

　思想史的に，実践概念は多様に変化してきたし，現在，私たちが日常的に使う実践概念も多様な脈絡から差が見られる。ブラウン（1993）は，かつて，アリストテレス，トマス・アクィナス，マキアベリ，ムーア，ホッブス，カント，ヘーゲル，マルクス，ハバーマスまで，思想史的に，実践概念を検討し，家政学と家庭科教育学において意味する実践概念がどのように変化してきたのか，分析した。特に，家政学と家庭科教育学において『実践的（practical)』概念が『技術的（technical)』概念にわい曲されるプロセスを明らかにし，家政学の方向性について自省を促した。

　実践（praxis）が，思想史において，どのような概念であったか[4]を検討することは，現在，家庭科教育で使用する実践の意味と，どのような共通面があるか，あるいはどのような異なる面があるかを検討することになるので，意味がある。ハバーマス（1973）は彼の著書『理論と実践（*Theory and Practice*)』で，思想史における実践概念を次のように分析した。

1　古典的実践概念

　古典的実践学では，実践（praxis）は，第一に，善を目的とした倫理的行動と考えられた。アリストテレスの実践哲学の課題は，道徳的に正しい行動を通じて善を増進させる方法に関する知識の追究にあった。第二に，社会政治的共同体中で追求される政治的活動であった。実践は，政治と倫理の内的関連性のなかで遂行される人間活動と考えられた。第三に，実践は実践的知恵（phronesis）と結びついた活動である。したがって，状況に対する慎重な思慮が必要となる（キム・テロ，2006: 86)。これに対して，ハバーマス（1973）は倫理性，政治性，慎重性と表現される古典的実践概念には科学性の欠如という限界があると指摘した。

2　近代的実践概念

　近代的実践（praxis）は，第一に，規範的要素と断絶された活動になった。近代になると，古典的実践学で強調されてきた倫理性は見過ごされ，権力維持や生存保護という唯一の目的の達成のためにどのような手段も正当化された。マキアベリ（Machiavelli）とムーア（Moore）によれば，規範性の問題はすべて疎かにされ，実践（praxis）においては善良で正しい生活は倫理的規定に拘束されなかった。

4）思想史的実践概念に対する解釈のために，哲学分野のハバーマス（1973, 1979, 1984, 1987)，教育哲学分野のキム・テロ（1989, 1991, 2006)，家政教育分野のブラウン（1993）を中心に整理した。

　第二に，実践は技術的有用性を追求する活動になった。近代思想家たちは道徳的条件ではなく，生存の実際的条件について尋ねている。マキアベリとムーアは，アリストテレスが独立的領域として扱った実践（praxis）と製作（poiesis）の壁を崩し，実践的知恵に技術知の性格を付与した。

　特に，マキアベリは思慮の次元の実践領域に技術を導入することによって権力を確保維持することが可能だと考えた。ホッブス（Hobbes）は実践（praxis）を科学的理論として位置づけるために，ベーコンの科学信奉に忠実でありながら，ガリレオ（Galileo）が自然運動を探索したようなやり方で，社会関係のメカニズムを探究した（キム・テロ，1991：154-155）。ホッブスにとって，科学は人間にとって最上の必需品なので，彼にとって，実践（praxis）は厳密な科学的方法で接近可能な有用性を追求する活動であった。ハバーマス（1975）は，近代的実践（praxis）概念には科学的方法を用いて社会関係を究明することと，規範性を無視し，実践と技術とを区別しないという問題点があると指摘した。

3　ハバーマスの実践概念

　ハバーマスは，古典的実践概念における科学性の欠如と，近代的実践概念における規範性無視という限界を克服するために，コミュニケーション的実践を通じて，規範的方向性と科学的厳密性を調和させて，相互対立を解消しようとした（キム・テロ，2006）。

　第一に，規範的方向性はコミュニケーションに関与する言語行為によって保証されると考えた。すべての言語行為には理解に到達するという概念が内在していて，理解に到達しようとするのは基本的に規範的概念として把握されるためである。ハバーマスは理解を通じた理性的合意を指向するコミュニケーション的実践に規範的意味を付与し，理想的談話状況と妥当性の主張によって，規範性が確保されると考えた。

　理想的談話状況（Ideal Speech Conditions）とは，コミュニケーションが外的影響や強制によって邪魔されない状況をいう。ハバーマスは，理想的

談話状況においては，すべての談話参加者たちは「①他の人の意見を傾聴し，それに答えようとする開放性を持つ，②自分自身や他人をだます意図を持ってはいけないし，討論の相手を判断力があり誠実な主体として認め，同等な人格として対するべきである，③討論プロセスで提起された問いに対して，どのような禁忌も適用されてはならず，どのような人物に対しても問いを提案する特権的不可侵権が許されてはならない，④人種的先入観や階級的先入観によって，他の人の話の腰を折るような手段を使ってはいけない。」（キム・ジェヒョン，1996: 33）という条件を示した。

　妥当性主張（Validity Claims）とは，言葉や行動の合理性を確保する根本的方法として，批判や議論を通じて，対立する主張を正当化するコミュニケーション・プロセスである。ハバーマス（1984）は，コミュニケーションに参加する全ての人々は次の 3 種類の妥当性を主張することになるとする。①真理（Truth claims，効率性 Effectiveness claims），②正当性（Normative legitimacy claims），③真率性（Truthfulness authenticity claims）である。

　すなわち，第一に命題の内容が外部の客観的実在に照らして，真理であるという真理性主張，第二にそのように言うことが社会的規範に照らして，本当に正当であるという正当性主張，第三に自分自身の表現が内面的意図を正直に語ったという真率性主張を意味する[5]。以前の文献で，ハバーマス（1979）は，自分自身の言葉が他人に理解することができる意味を持つという理解可能性主張（comprehensibility claims）を含んでいるのに対して，これは妥当性主張というよりは，すべての成功するコミュニケーションにおける他の 3 種類の妥当性主張の前提と見なした。

5）キム・テロ（2006）は，発話者の立場からでなく，聞き手の立場で，妥当性の主張を次のように説明した：「理解可能性は，相手が話す内容を理解できない時，正確にどういう意味かを理解するために提起される。真理性は，話した内容が事実かを確認するために，正当性はどのような行動と陳述が規範的に適切なのかを検討するために，真率性は話す人の発言の誠実かを問題にする。効率性は与えられた状況において行動計画と規則が目的を成し遂げるのに適切かを取り扱う（p.91）。」

　第二の，厳密性とは『根拠提示』と『批判可能性』の原理に立って，討議における普遍妥当性を確保する社会科学的または批判科学的方法論を示す。ハバーマス（1984）は『論証理論（*Theory of argumentation*）』を提示して，コミュニケーション行為の厳密性を認知的に確保しようとした。論証とは，競争的な妥当性主張等を，議論（argument）と，論述やディスコース（discourse，談話），批評（critique）を通じて，立証したり，批判したりする談話の類型である。

　以上のように，理想的談話状況に最も近い条件で，妥当性主張を通じて，言葉と行動の妥当性（規範性）を確保することができる。同時に，論争を通じて，妥当性主張を検討することによって，厳密性を確保することができる。

03　『実践』概念のわい曲

　実践の概念は思想史的に変化してきている一方，実践の意味が共有されていないのが現実である。そのために，実践概念がどのような意味で使われたかに関する説明，あるいは文脈を通じた把握がなければ理解が難しい。私たちが『家庭科は実践教科だ』と主張する時にも，各人は，倫理性と規範性が強い，古典的な意味で使ったり，規範性を無視し技術性，有用性を強調する近代的概念で使ったり，コミュニケーションを通じて自我形成発達と社会合理化を成し遂げようとする批判科学的観点からのコミュニケーション的実践という概念で使っている可能性がある。

　先に見たように，古典的な実践概念は現在にいたるまで，複雑に変化してきた。その代表的様相は，第一に，プラクシス（実践する生）とポイエシス（制作する生）の壁が崩れることによって生じる実践と技術の問題（Brown, 1993），第二に，科学的理論によって実践を研究しているのに，実践的領域をまともに扱わないという実践と理論の問題，第三に，原因－結果（cause-consequence）という科学理論が，手段－目標（means-ends）という技術的有用性に置き換えられるという理論と技術の問題である（Brown & Paolucci, 1979）。

　上述の，第一の問題は，家庭科教育で現実に最も著しく現れる問題で，実践的性格を持つ家庭科と技術的性格を持つ技術科が，『技術・家庭』という科目によって結合されるというカリキュラム編成上の問題が起こっている。実際，家庭科教育専攻者なども実践を技術的実践の概念として使っている場合がよく見られる。この問題に関して，ブラウン（1993）は，家庭科教育の歴史を通じて『実践的』（practical）概念が『技術的』（technical）概念にわい曲されてきたプロセスを分析している。家庭科のカリキュラムと家庭科の授業でも実践的に扱わなければならない内容も，技術的にとり扱っている事例が頻繁に見られる。

　第二の問題は，家庭科教育だけの例ではないが，実践的領域で規範的行動と関連させて扱うべき部分に対して，価値中立的な科学理論の提示に終わったり，実践的領域を経験・分析科学的方法だけを使って究明しようとしたりする問題である。このような問題は，19世紀から蔓延してきた社会的進化論（social darwinism），実証主義（positivism）や科学信奉主義（scientism）等によって，大きく影響を受けている。ブラウン（1985），ハバーマス（1971，1973）によっても詳しく扱われている。その間の教科書はもちろん，実践的推論能力を育てるために提案された 2007 改訂カリキュラムでの家庭科教科書を調べても，実践的問題として扱うことがふさわしい内容を，題名だけを実践的問題とし，実際の本文の内容の大部分は事実的知識と概念的知識から構成されている事例が見られた。

　第三の問題は，理論が失われ，技術におきかえられるという問題である。原因―結果という科学理論，原理，知識が正確に提示されなければならない部分においてさえ，手段―目標という目的を達成する道具的・技術的手段が提示されるという問題である。例えば，家庭科の授業で，調理の科学的原理が省略され，調理法だけが提示されると，生徒たちはホウレンソウを湯がく時の原理を理解しないまま，蓋を開けて塩を入れホウレンソウを湯がく方法だけを覚えることになる。このような家庭科の授業では，生徒たちは科学的思考を伸ばす機会を奪われ，教師が画一的に『このような時はこのようにしなさい』といった技術的行動指針を伝達するだけに終わる。また，ハバーマ

ス（1971）の批判理論に示された，原因－結果の説明的科学理論を土台に
した予測と統制を目的とする技術的合理性は，先入感や誤った認識によって，
すべて手段－目標のためのハウツー（how-to）に限定して理解される場合
が多い。

　これとは反対に，技術が重く扱われなければならないのに，科学理論だけ
が提示されるというのも同じように問題である。家庭科の授業において，技
術習得のために実習が必要な部分でも，科学理論を説明し，実習を生徒個人
にまかせるという場合がある。科学・技術・数学・工学などの科目を１科目
として構成する例がある国がある。この場合にも，それらの内容や方法を統
合的に構成し，生徒たちの生活の問題を科学技術的素養によって解決し，シ
ナジー効果が上がるように開発するべきである。科学を技術に置き換えたり，
技術を科学に置き換えたりしてはいけない。韓国カリキュラムに関連する内
容も技術科目と科学科目で別々に扱っている。技術科目と科学科目では発明
を扱う観点が異なるので，発明の独自性が効果的に反映されるように処理さ
れるべきであり，同一内容と同一方法を適用するのは望ましくない。

　以上の議論は，実践と理論，実践と技術，理論と技術の統合は望ましくな
いという意味では決してない。むしろ，話題になる最近の学問発達の傾向を
見ても，それぞれの本質が正しく具現されてその役割を果たし，統合を追求
することが望ましい。本書でも，実践的問題中心カリキュラムに基づく家庭
科授業の理論と実践の統合を指向しているので，第１部では家庭科の授業の
実践の土台として必要な理論を提示し，第２部と第３部では理論で意図する
ところを具現するために多くの例を提示している。

　＜図 1.3＞は，実践が技術あるいは理論の概念によってわい曲されたり，
理論が技術の概念によってわい曲されたりしてきたプロセスを表現したもの
である。図式化によってディスコース（discourse，談話）を単純化する危
険性は常にあるが，実践概念のわい曲が家庭科の性格に否定的な影響を及ぼ
すということについて，理解を深めるために提示した。

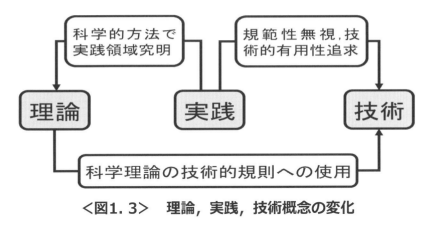

<図1.3>　理論，実践，技術概念の変化

　実践と技術，実践と理論，理論と技術という概念の曖昧さは，プロセスを経て，実践的学問分野である家庭科教育の性格を究明する作業においても，実践概念の複雑な様相が反映されており混乱している。これはそのままカリキュラム改訂のたびに家庭科の編成やカリキュラム開発に直接影響を与え，現場の家庭科教師と大学の教師教育者たちの専門活動にも助けにならない結果を招いた。

　批判科学的観点から見る時，ハバーマスのコミュニケーション的実践の概念は，「家族が，自我を形成し，社会的目的と，目的を遂行するための手段の模索に積極的に参加するための3つの行動体系（技術的行動，コミュニケーション的行動，解放的行動）を構築・維持できるようにすること」（『家政学の使命』，Brown & Paolucci, 1979）や，家庭科教育が指向する実践の概念化に寄与することによって評価される。今後も，韓国における実践の概念化プロセスを通じて，どのような実践の概念がこの時代を生きていく，または未来を生きていく青少年と家族に最も妥当であるかを主張する実践的ディスコース（discourse, 談話）が持続的に行われなければならないだろう。

第3章
目標：3つの行動体系

01　家庭生活を見る新しい観点：3つの行動体系

　2007 改訂カリキュラム[6] では「自分と家族を理解し，実践し，家庭生活に必要な基本的資質を育成し，家庭生活において直面する生活の問題を解決し，望ましい家庭生活文化を創造できる素養を育てる」（教育人的資源部，2007a）という家庭生活領域の目標を提示している。これを達成するためには，自分と家族に関する知識だけでなく，自分と家族を社会文化的環境のグローバルな脈絡のなかで理解する必要があり，直面する家庭生活の問題とは何かを認知し把握するべきであり，問題解決能力を育てることによって可能になる。このような能力を持つ青少年は家庭生活文化を創造できる望ましい『価値を置いた目標（Valued ends）』を成し遂げて行くことができるようになるだろう。

　ここで，家庭生活を家族生活，衣食住生活，消費生活などから考えることもできるだろうが，家庭生活は家族，衣食住，消費生活に分節されていない。さらに，家庭生活は，家族，衣食住，消費生活に限定されておらず，包括的に扱わなければならない。その上，限定された範囲内においても，実際に家庭生活を営むという観点から扱い，自ら思考し判断するプロセスを通じて，家庭生活の問題を解決できる能力を育てるべきであるにもかかわらず，家族，衣食住，消費に関する事実的知識の暗記やより望ましい行動を提示するというやり方をしてきたという問題がある。

6）韓国の国家カリキュラム改訂の変遷史を調べてみると，1946-1954年の教授要目期を経て，1955年第1次，1963年第2次，1973年第3次，1981年第4次，1987年第5次，1992年第6次，1997年第7次，2007改訂，2009改訂，2015改訂カリキュラムが確定告示された。

　家族，衣食住，消費生活に限定して，互いに分節された対象に重点を置いて家庭生活にアプローチする観点，あるいは関連する知識と技能の習得に重点を置いて家庭生活にアプローチする観点では，ますます多様で複雑な様相を見せるようになっている今日の時代に，一般の人々に家庭科の価値を発見させるには力量が不足する。すなわち，変化する家庭生活の場における青少年のための教育としての家庭科の重要な価値を適切に表わすことは難しい。したがって，これを変化させることを試みなければ，必須教科としての地位まで脅かされることになる。こういう問題意識から，第４章第４節において，従来の学問あるいは概念中心のカリキュラムから，実践的問題中心カリキュラムへのパラダイム転換が必要である正当性を扱うことは，まさに本書が主張する方向である。

　変化のための１つの代替案として，ブラウンとパオルチ（Brown & Paolucci, 1979）が唱えた『家政学の使命』に示された家庭生活を『行動体系』と見る観点を提案したい。ブラウンとパオルチ（1979）は，教科内容が，生活の状況と関連しているとき，高次的思考能力がより一層増進されると考えた。コスタとリーブマン（Costa & Liebmann, 1997, NASAFACS, 2008 再引用）は教科内容（content）とプロセス（process）が統合されるとき，効果的に学習が行われる可能性があると主張した。このような点を考慮すると，家庭生活を３つの行動体系から見る観点は，①家庭生活を家族，衣食住，消費生活に限定しないで，また分節的に扱わず，②教科内容を生活と遊離させないで，生活を営むプロセスのなかの行動に関連するものにし，③教科内容と思考プロセスを統合できるという点で，時代的要請に応える妥当な観点であると評価できる。

02　カリキュラム枠組みの要素としての３つの行動体系

　家政学の歴史を通じて，最も影響力があり，多く引用された文献は，米国家政学会がブラウンとパオルチに依頼して開発を要請した『家政学の使命（*Home Economics: A Definition*, 1979）』であることは明らかである。

家政学教育専攻者の必読書として，相変わらず第一位を守り続けている。この文献で，行動体系の概念が紹介されて以来，それは家政学／家庭科教育の使命や目標に核心的概念として含まれ，いろいろな事例において実践的問題を解決するプロセスにおける１つの要素として作用した。ブラウンとパオルチ（1979: 23）が提唱した家政学の使命[7]は次のとおりである。

　　家政学の使命は，家族が，個別の単位として，また一般的に社会的機関として，①自我を成熟させ，②社会的目標および目標を達成する方法を批判的に検討し形成することに，自覚的で協働的に参加するように導く，３つの行動体系を自ら形成し維持することができる能力を育てるようにするところにある。

　最近の海外の動向を見ると，『家庭生活の３つの行動体系をよく形成すること』を核心的概念として，家政学の使命，任務，目標などを提案する傾向を把握することができる。いくつかの主要な事例は次のとおりである。

　国際家政学会（International Federation for Home Economics）は2008年，創立 100 周年記念国際大会で『家政学ポジション・ステートメント（*Home Economics in the 21st Century*）』を発表した。家政学ポジション・ステートメントでは，21 世紀家政学のビジョンが提示されたが，家政学の学問分野，性格，領域，核心の次元，名称，家政学の影響力，これからの10 年の方向性に対する立場が表明されている。このなかで，家政学分野のすべての専門家（professional）は，最小限，家政学の３つの必須次元（dimension）あるいは構成要素（ingredient）において，必ず専門分野の任務を実践しなければならないと述べている。３つの必須次元には，第一に

---

7) The mission of home economics is to enable families, both as individual units and generally as a social institution, to build and maintain systems of actions which lead (1) to maturing in individual self-formation and (2) to enlightened cooperative participation in the critique and formulation of social goals and means for accomplishing them.

毎日の生活で個人と家族の基本的な必要と実践的関心事に主に力を注がなければならない，第二に多様な学問を総合した知識，プロセス，実践的機能を統合するべきである，第三に家族の安寧を増進して，個人，家族，コミュニティを擁護するために批判的／変革的／解放的行動を取ることができる能力を備えなければならないことが含まれている（IFHE，2008）。

　米国では，1990 年代に入って，国家レベルで教科ごとにカリキュラム基準が開発され始めた。家庭科の場合も「全米家族消費者科学教育協会（National Association of State Administrators for Family and Consumer Sciences Education，NASAFACS）」によって，1998 年に初めて『ナショナル・スタンダード』が開発され，2008 年には第 2 期ナショナル・スタンダードが，2018 年には第 3 期ナショナル・スタンダードが開発された。米国家庭科ナショナル・スタンダードは３つの行動体系（第３章），実践的問題中心カリキュラム（第 4 章）と，実践的推論（第 5 章）という核心概念を中心とするブラウンとパオルチの観点を受容していることを明示した。また，社会の時代的要求を反映して，プロセス指向カリキュラム（process-oriented curriculum）で開発された背景を提示した。プロセス指向カリキュラムで開発するために米国のナショナル・スタンダードが取った方法では，第一に，『行動のための推論』スタンダード（reasoning for action standard）を開発し，推論プロセス自体を独立的教育内容として扱ったり，16 の家庭科の内容領域を扱うプロセスとして活用したりすることを提示した。第二に，内容基準別に 12 のプロセスの問い（process question）を開発し，プロセスの問いの枠組みは 2 次元の構造であり（＜表 1.1＞参照），1 つの軸は３つの行動体系とプロセス領域（process area）から成っている。プロセスの問いは，生徒が解決しなければならない脈絡的問題を中心に構造化された内容について，思考と推論によって反射熟考するように設計された。プロセスの問いは，生徒が内容基準と関連させて，意味のある解釈をして反射熟考するのを助ける。このような 2 種類の方法のうち，『行動のための推論』基準に関しては第 5 章で詳しく扱うことにし，本章では３つの行動体系がどのようにプロセスの問いの 1 つの軸として構成されるかを検討する。

　実践的問題中心カリキュラムは，批判科学カリキュラムの観点に基づいて，「私たちは何をするべきか」という問いに焦点を当てている。このような問いはナショナル・スタンダードに含まれているプロセスの問いを引き出す。プロセスの問いは教師が特定の教授目的のための質問を開発するのに用いる１つのモデル的役割を果たす（NASAFACS, 2008）。内容基準別[8]に，３つの行動体系と４つのプロセスの２次元の枠組みによって，合計 12 の問いを開発して提示している。３つの行動体系は，道具的─技術的行動，解釈的─コミュニケーション的行動，批判的─解放的（反射熟考的）行動である。４つのプロセス領域は，思考プロセス，コミュニケーション・プロセス，リーダーシップ・プロセス，管理プロセスである。

　米国家庭科ナショナル・スタンダードの『1.0：キャリア，地域社会，生活の関係』学習領域の内容基準，『1.1：個人，家族，キャリア，地域社会，世界における多重的役割と責任を管理できる戦略を分析する』に使用されているプロセスの問いの例を＜表 1.1＞で検討する。

　イ・チュンシク，チェ・ユヒョン，ユ・テミョン（2002）は実科（技術・家庭）の教育目標および内容体系を提示した。家庭科部分では３つの行動体系を１つの軸とし，個人，家族，社会，文化の観点，家庭生活と仕事の調和，高次的思考能力をもう１つの軸に，各内容基準別に問いを開発し提示した。韓国家庭科の家族生活領域のために開発した『1.4.1：家族，職場，地域社会における家族構成員と他者に配慮して，家族構成員と他者との関係を維持するのに役立つ方法を身につける』内容基準の例を提示すると，次の＜表 1.2＞のとおりである。

8）米国家庭科ナショナル・スタンダードは『学習領域（内容領域）－包括的基準－内容基準－コンピテンシー（力量）－基礎学習能力－プロセスの問い－シナリオ例』の要素から構成されている。

『1.0　キャリア，地域社会，生活の関係』学習領域の構造
（Area of Study 1.0 Career, Community and Life Connection）

包括的基準（Comprehensive Standard）
家族，仕事，地域社会の場における多重的な生活の役割と責任を統合する。

内容基準（Content standards）
①個人，家族，キャリア，地域社会，グローバルにおける多重的役割と責任を管理できる戦略を分析する。
②学校，地域社会，職場において転移でき，用いることができるスキルを明らかにする。
③地域社会で，個人と家族が参加する相互互恵的影響を評価する。

コンピテンシー（力量，Competencies）
①個人と家族に影響を及ぼす職場と地域社会の地域および世界的政策，課題と傾向を整理する。
②社会的・経済的・技術的変化が職業と家族のダイナミクスに与える影響を分析する。
③個人のキャリアの目的が，すべての家族構成員の目的を充足させる家族の能力に影響を及ぼす方法を分析する。
④仕事と家族生活の調和のための進路決定の潜在的な効果を分析する。
⑤すべての家族構成員のための生涯学習と余暇機会の目的を規定する。
⑥個人，家族，進路の目標を達成するのに必要な知識とスキルを得る方法など，生涯にわたる計画を開発する。

基礎学習能力（Academic proficiencies）
1.言語科目
①読み取りプロセスと戦略案内あるいは相対的に短くて情報，案内，概念，語彙の限定された領域における課題のための戦略を適用する。
②具体的課題を遂行するために知識基盤と技術的教材を含んだ多様な情報源に対する能力を考える。
　－ 中略 －
2.数学科目
①整数，帯分数，分数，十進数の加減乗除
②暗算で，整数の加減乗除

＜表1．1＞　内容基準『1.1：個人，家族，キャリア，地域社会，世界における多重的役割と責任を管理できる戦略を分析する』のためのプロセスの問いの例

プロセス領域 (Process Areas)	行動の類型		
	技術的行動 (Technical Action)	解釈的行動 (Interpretive Action)	解放的（反射熟考的）行動 (Reflective Action)
思考プロセス (Thinking Processes)	職場，家庭，地域社会のための政策を開発する時，どのような要因が考慮されなければならないだろうか。	リーダーシップは，家族，キャリア，地域社会にどのように統合できるだろうか。どのような要因が，職場，地域社会における動向に影響を及ぼすか。	生涯計画の開発に使用された基準を，家族，進路，学習，余暇と地域社会の反映に基づいて，どのように評価する必要があるか。
コミュニケーション・プロセス (Communi-cation Processes)	家族や個人は，職場での影響力をどのように処理することができるか。	家族の大変重要な課題と関連する政策を決定するのを支援するために，どのような基準を使用しなければならないだろうか。	もしある人が家族，進路，学習，レジャー，地域社会の目的を反映させた生涯計画を設計しないことを選択した場合，どのような波及効果があるか。
リーダーシップ・プロセス (Leadership Processes)	職場での戦略を開発するのに，どのようなリーダーシップ技術を知る必要があるか。	地域社会は，どのようにリーダーシップ機能を開発することができるか。職場での個人や家族の必要性に対応する戦略を開発するために，私たちは何をすることができるか。	生涯計画の継続的な評価と改善が個人，家族，進路，コミュニティの福祉のビジョンをどのように支えるか。

| 管理
プロセス
(Manage-
ment
Processes) | 家族，職場，地域社会の課題がどのように家族に影響を与えるか。 | 管理者は，職場における非常に重要な問題に関連するポリシーの開発のために，従業員の反応をどのように評価することができるか。 | 私たちは，家族，進路，学習，余暇，地域社会の目的を反映させた生涯計画を開発する最善の方法をどのように決定するか。 |

資料：NASAFACS(1998: 37-39).

<表1. 2>　　『家族生活』領域のためのプロセスの問いの例

内容構成の重点	行動体系		
	技術的行動	コミュニケーション的行動	解放的行動
個人，家族，社会，文化の脈絡	学校，職場，地域社会における人間関係はどのような関係か。	人間の欲求と人間関係への期待の分析は，学校，職場，地域社会における肯定的な人間関係をどのように助けられるか。	学校，職場，地域社会に存在する権力は何か，影響力を行使する権力をどのように解決するべきか。
家庭生活と仕事の調和	家族，職場，社会における人間関係のために，どのようにリーダーシップを向上させることができるか。	家族，職場，社会生活において葛藤が起こる原因は何か，葛藤の解決は人間関係をどのように助けられるか。	家族，職場，社会においてジェンダー平等を阻害する要因は何か，ジェンダー平等を実現するために解決しなければならない点は何か。
高次的思考と行動	家族，職場，社会における人間関係のために，どのようなコミュニケーション技法を活用しなければならないか。	考え，感情，欲求を認知し表現することは人間関係をどのように助けられるか。	地域社会において配慮のある人間関係を構築するために，何をするべきか。

資料：ユ・テミョン（2006a: 86）．

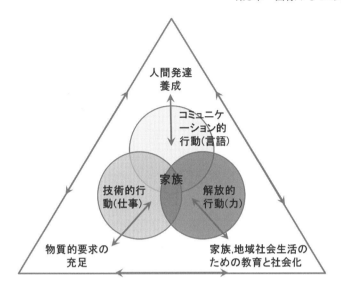

<図1. 4>　家庭生活における家族の役割と行動類型

資料：Oregon Department of Education (1996a). *Family & consumer studies curriculum for Oregon middle schools.*

　米国，オレゴン州中学校カリキュラム（Oregon Department of Education, 1996a）においても，家庭生活の行動体系はカリキュラム構成の枠組みの重要な一部門である。オレゴン州中学校カリキュラムは，＜図1.4＞に見るように，家族の役割を『人間発達養成』，『物質的要求の充足』，『家族／地域社会生活のための教育と社会化』と想定して，3つの行動体系をよりよく形成することを通じて，家族役割を遂行できるように4つの実践的問題領域〔個人の問題，家族・家庭問題，日常生活問題，環境および社会問題〕で構成されている（第2部　第2章　03 米国の実践的問題中心カリキュラムの示唆＜表2.9＞参照）。

03　３つの行動体系の理論的基礎

　ブラウン（1980）は個人と家族が直面している実践的問題を扱うにあたって核心になる３つの行動体系の概念（道具的−技術的行動，解釈的−コミュニケーション的行動，批判的−解放的行動）を提示した。米国家庭科ナショナル・スタンダードでは技術的，解釈的，反射熟考的行動という用語を用いている（NASAFACS, 2008）。

　行動体系の概念は，ハバーマス（1971）の『知識と人間の関心（*Knowledge and Human Interests)*』において，知識を導く人間の根本的な認知的関心の概念とともに，知識理論を構成する主要な概念として提示された。ハバーマス（1971）は，人間がどのように知識を開発し，どのように知識を理解していくかについての認識論を，知識を導く人間の根本的な認知的関心（knowledge guiding fundamental cognitive human interest）の概念から始めている。このような根本関心には，①人間生存のための自然現象を予測し支配しようとする技術的関心，②人間共同体を維持するための人間相互間の理解と合意を形成しようとするコミュニケーション的関心，③理性的行動と自己省察を通じた，人間の自主性と理想的（ideal）社会条件を究極的目的とする解放的関心がある。このような関心から問いが生成され，技術的関心から経験・分析科学が，解釈的関心から歴史・解釈科学が，そして解放的関心から批判科学が，導かれる。各々に相応する行動の規則から，技術的行動，コミュニケーション的行動，解放的行動が導かれる。

　＜表 1.3＞に提示された一連の関心：問い＝行動規則＝行動類型についての３つの科学パラダイムは非常に多様な分野の研究で，理論的枠組みとして活用された。経験・分析科学，解釈科学，批判科学の観点は，シュバート（Schubert, 1986）のカリキュラム・パラダイムだけでなく，ブラウン（1980）の家庭科教育パラダイムの基礎になり，批判科学家庭科パラダイムと同じ用語を使うことになる理論的背景を提供した。

＜表1.3＞　ハバーマスの『知識と人間の関心（Knowledge and Human Interests）』

人間の関心	技術的関心	コミュニケーション的関心	解放的関心
問いの種類	どのように，その目標を達成することができるか。 何が真理か。	私たちはどのような目標を追求するべきか。	私たちはどのような行動をするべきか。
行動の根拠	Xを達成するためにYを行う。	言語の規則，社会的価値と規範	自由についての道徳的価値，技術的規則，言語の規則，社会的価値と規範
行動の類型	事前に決めたことを達成するための技術的／目的的行動	社会規範に対する合意を可能にする円滑なコミュニケーションのための相互作用	自我反省，信念，行動，社会構造に対する批判；人間の自主性のために必要な行動
価値に対する観点	すべての価値は個人の感情的な反応である	価値は個人や文化と関係がある	どのような行動をするかについて実践的ディスコース（discourse）によって理性的検討を可能にすること
科学の種類	自然科学，経験・分析科学	歴史・解釈科学	批判科学
究極の目的	予測と統制	人間経験に対する洞察，理解の共通性提供，合意への到達	社会的生活の根源についての批判的理解，自己反省，理性的な行動と自己決定のための解放
社会的組織	こと（Work）	相互作用（Interaction）	力（Power）

| 論理 | ・統制と画一性の原理強調
・経験的に検証可能な法則と同じ命題を重視
・価値中立的知識を想定
・客観化できる知識
・効率性や経済性重視
・社会的実在をありのままに受容 | ・理解とコミュニケーションの相互作用強調
・人間を知識の能動的創出者と見なす
・日常生活の土台であり，内面である仮定（assumption）の意味を探索
・実在を歴史的・政治的・社会的脈絡で共有され，間主観的に構成されるものと見なす
・言語使用のための意味に関心 | ・イデオロギー批判と実践の必要性を前提
・抑圧的で支配的であることを暴露
・虚偽虚飾に対する感受性が必要
・わい曲された概念と不当な価値を問題として浮上させる
・探求が基づいている価値体系と定義概念を検討し説明。 |

資料：Habermas（1971）；Hultgren（1982）；Schubert（1986）.

04　家庭生活での３つの行動体系

　先に，第 1 節で，家庭生活を家族，衣食住，消費生活と考える観点から，行動体系へと考える新しい観点が求められるとした。ブラウン（1980）は，前者のような観点は思考と行動の関係を適切に説明するのに失敗したと批判し，思考は行動の根拠を提供するので，行動の合理性を把握することが重要であるとした。スターランドとストローム（Staaland & Strom, 1996）は，家族は３つの合理性に基づいて（表 1.3 の技術的・コミュニケーション的・解放的合理性，参照），互いに関連して，相互依存的な技術的行動，コミュニケーション的行動，解放的行動をすると考えた。

1　技術的行動

　技術的行動は，家族が，生存のための特定の目標を成就するために，毎日の生活を営むのに不可欠な物質的必要を充足させ，環境的条件を統制するた

めに経験科学的知識を土台に行う行動で，生活の質の向上に大きく寄与する。しかし，多くの場合，方法的な行動の形態である。技術的関心は，科学的探究プロセスを通じて，原因ー結果（cause-consequences）を予測して統制するためのものであり，家庭生活に必要な知識と理論を提供する。しかし，実際の家庭生活において，このような知識と理論は，科学的探究プロセスが省略され，科学的探究の結果に依存して，毎日の生活において，手段ー方法（means-ends）を講じるハウツー（how-to）的，処方的性格の規則のような形に転換され，行動の基礎として提供される。例えば，衣服の管理において洗濯の原理として提示された科学的知識は現れないで，洗濯のハウツー（how-to）的方法として覚える場合に，見ることができる。このように，技術的行動をする人々はどのような織物で作った衣類は，どのような原理と理論で，なぜ，何分間，どの温度で，どのような方法で洗濯することについての知識がないまま，ウールのセーターは洗濯機のウール・コースで，特定の洗剤を使って洗濯するという方法を取る。このような技術的行動は，何らかの行動をするための科学的根拠を提供するという点で，人間の生活に大きく寄与するが，家庭科教育の理論を技術で，技術を方法で，単純化する愚を冒す場合が多い（図1.3参照）。

　家庭科カリキュラムにおける技術的行動の代表的な内容は，科学的理論と知識を提供する青少年の発達特性，妊娠と出産，栄養素の種類と機能，繊維の種類，デザインの原理，食品群と献立構成，採光と通風などである。技術的方法の形に転換された避妊法，性暴行への対処法，体形に適した身なり，韓服の着方，リサイクル方法，清掃，おやつ作り，自分の部屋の飾りつけ，生活用品作りなど，数えられないほど多くの内容がある。コミュニケーション的行動で扱わなければならない『コミュニケーション』の内容は，第2章で実践の概念で議論したコミュニケーションの本質とは異なり，技術的行動としてのコミュニケーション技法として扱われている。アイ・メッセージの例を見ると，アイ・メッセージの構成要素と段階を具体的に説明して練習するように，大部分の教科書がアクティビティのスペースを設けている。

　スターランドとストローム（1996）は，家族が，技術的行動を育成するために学ばなければならない知識，技術，態度の例として，①家族が目標に到達するのを助ける利用可能な資源等の確認，②家族がどのように技術的情報，方法，道具等を使うかを説明する例の提示，③家族の物質的欲求を満足させ，家族環境を向上させることができる方法の確認を挙げている。

2　コミュニケーション的行動

　コミュニケーション的行動は，言語的・非言語的コミュニケーションを通じて，家族構成員相互の意図，信頼，信念，価値，目標，態度などを理解し，いかなる目的を追求するか，何をしなければならないかに関する真の合意に到達しようとする人間の相互作用である。家庭内のコミュニケーション的行動を通じて，親子関係，夫婦関係，兄弟姉妹関係においてだけでなく，他の家族との関係，近隣および地域社会における他の人々との関係において，お互いの考え方と価値，感情などを共有することによって，相手を深く理解し意見の合意に到達する。また，人間の経験に対する洞察ができるようになり，現象を見る見識を育てることになる。ソースベッケンとシールド（Thorsbakken & Schield, 1999）は，コミュニケーション的行動を通じて，家族員の推論能力が開発され用いられ，価値観，態度，習慣が形成されて，社会的関係も学ぶことになると述べた。

　しかし，コミュニケーション的行動に関して，誤って理解されやすい部分がある。理解に到達しようとする究極的目的が単に用語や概念の認知的理解に関することだとすると，無条件のコミュニケーション的行動と考えるものである。例えば，『栄養素の機能を理解する』という学習目標は，技術的行動を目標にするということで，単に『理解する』という動詞があることによって，コミュニケーション的行動と考えていることが挙げられる。

　ハバーマス（1984）は，長い間，疑問視されなかった価値や規範などが，問題視されるようになって，人々はコミュニケーションを通じて，お互いの考えと信念を共有して，お互いを理解するようになり，新しい価値と規範を

作る『生活世界の合理化プロセス（rationalization of lifeworld）』を成し遂げていくと考えた。コミュニケーション体系のなかで，生活世界の構成要素である人間，社会，文化の再生産プロセスを通じて，それぞれの社会化，社会統合，文化再生産の機能をうまく成し遂げていくと考えた。一方，コミュニケーション体系が崩壊すると，人間，社会，文化の再生産プロセスが正常に行われず，人間レベルで人間疎外と病理現象，社会レベルで正統性の崩壊と動機萎縮，文化レベルで意味の喪失，伝統の崩壊現象が現れるとした。

　スターランドとストローム（1996）は，家族構成員と生徒がコミュニケーション的行動を学ぶのに必要な，いくつかの実際的知識，技術，態度の例として，①調整活動，分担活動，および子どもたちの社会化と関連する家族のコミュニケーションが重要であることの説明，②崩壊したコミュニケーション体系の分析を提示した。

3　解放的行動

　解放的行動には，他の2つの行動体系に比べて，最も包括的な行動体系として，技術的行動とコミュニケーション的行動体系の本質が含まれる。人々は，コミュニケーション的行動を通じて，互いを理解し合意に達するにしても，参加する人々が集団的に何か誤った考えを持つとか，望ましくない価値観と目的を持つとか，偏見や先入観に捕らわれていることもある。あるいは，慣習や衝動によって決定したかもしれない。また，規範的，文化的，経済的，政治的背景が，自由にコミュニケーションに参加するのを阻害する可能性がある。このような状況は，生活世界において，生活という慣習にたやすく埋もれて，しっかりと認識されない特性を持っている。私たちの社会では，男性は女性のように泣いてはいけない，若者は高齢者のように意気地がなくなってはいけない，家事は女性の仕事だ，などのように，特定の性や世代に関する固定観念を持っている場合も多い。まさに，このような方式で私たちがいつも集団的に正しく意識していない間違った部分に対する批判的意識を求める行動が解放的な行動である。

　解放的行動を通じて，社会的生活の根源に対する批判的理解，自己反省，理性的行動，自己決定のための自由を達成しようとしている。しかし，このような目的は，個人や家族がエンパワーされ（empowered），自覚的な意識があり（enlightened），自由な状態で自主的（emancipatory）であるとしても，制度や環境，経済政治システムが合理的でない場合は，達成するのは難しい。そのため，個人の自己形成と自由な社会的条件がみたされる時，はじめて達成される。

　スターランドとストローム（1996）は，解放的行動のために，家族員や生徒が習得しなければならない実際的知識，技術，態度として，①毎日の生活のなかで省察を要する状況の確認，②態度，信念，思考と行動パターンを当然のこととして受け入れたとき，どのようなことが発生するかの説明，③親子関係のように，多様な媒体に内在する文化的仮定（assumption）の確認を提示した。

4　3つの行動体系の相互関係

　3つの行動体系は，それぞれ独立して行われるが，多くの場合，互いに緊密に関連して行われる。例えば，解放的行動に達するには，多様な科学観点からの知識と技能が必要で，技術的行動と解釈的行動が同時に要求されることもある。技術的行動の場合もまた，多様な科学的観点からの知識と技能が同時に考慮されて行われる。特に，実際の家庭生活を営むプロセスではなおさらそうである。家族の食事を準備する行動は，調理の原理に基づいて，食べものを作る技術的行動，食事のためにみんなで一緒に食べものを準備する文化的意味と価値を理解するコミュニケーション的行動，環境と生産／流通プロセスを考慮して，食材を消費する行動や料理づくりは誰の役割かという家事労働における性役割の固定観念を変えていく解放的行動が同時に起きることになる。あるいは，食品選択という技術的行動は，新鮮な魚を選ぶ方法を知っているか，包装容器に提示された情報を把握できるかという行動に限

定されるものではなく，上記のコミュニケーション的，解放的行動に関する検討を基礎にして行われなければならないのである。

　スターランドとストローム（1996）は，家族の行動体系を相互に関連させて，相互依存的な互いに重なった次元から説明した。また， 3 つの行動体系すべてが，家族員が自己成熟し，民主主義社会の発展に貢献することを必要とするとした。

　ソースベッケンとシールド（1999）も，家族が行動する時は，ほとんど常に， 3 つの行動体系をすべて用いると考えた。これについて，「家族が目標を決定する時は技術的行動を用いる。家族員が目標に向かって仕事をする時は，その意味を共有し明確にする必要があり，またその意図，価値，態度を解釈する必要があるから，コミュニケーション的行動をする。このような対話のプロセスにおいて，家族員は偏見，わい曲，規範，事実を確認する解放的行動をするようになる」と説明する。また，このような対話等は直線的プロセスではないので，家族員がコミュニケーション行動体系に関与する時，他の家族員は解放的行動体系で反応し，対話はある 1 つの行動体系内だけで行われるのではなく， 3 つの行動体系間で行われると見た。

第4章
カリキュラム構成の中心：実践的問題

01　カリキュラム開発の観点

　カリキュラムを開発するアプローチ法は多様であるが，主要なアプローチ法は時代の流れによるその時代の教育と関連した諸般理論および社会的・国家的要求，学問的性格の変化などのカリキュラム開発に関連するいろいろな要因によって，変化してきている。ボビット（Bobbitt, 1989）は，過去数十年間の米国における家庭科カリキュラム・アプローチ法を分析し，1960年代には概念中心カリキュラム，1970 年代には能力中心カリキュラム，1980 年代以後には実践的問題中心カリキュラムの開発が主流であったことを示した。アプローチ法の変化とはこのような現象である。

　カリキュラム開発に関連した理論を検討すると，ある特定の観点を持つ枠組みやパラダイムを中心に開発することが望ましいと考える見解（Baldwin, 1984; Brown, 1978）がある反面，カリキュラム理論だけに依存しないで，特殊な状況によって，具体的なカリキュラム政策や実践の事例から，実際的，折衷的アプローチをすることが望ましいという見解（Schwab, 1970; Walker, 1971）もある。

　前者の場合，教育に対する哲学，教科の本質，学習観，その時代に要求される社会的要求と，生徒が育てなければならない素養についての一貫した観点に基づき，各カリキュラムの要素間の緊密性を維持して，カリキュラムを開発することによって，教科の性格が具現化され，教科目標の達成が容易になるという長所を持っている。反面，国家レベルのカリキュラムの場合，その時代の当該教科の専攻者などが 1 つの観点に同意しにくいという問題と，

カリキュラム開発が基づいている観点について広範囲に理解されていない場合，本来意図した効果を最大化できないという短所がある。

　後者の場合，特殊な状況についてのいろいろな代替案によって折衷案を作るので，現場への適用に効果的であるという長所がある。しかし，カリキュラム開発に参加する多くの人々が考え方を持続的に共有して折衷案を作るには限界があるし，特殊な政策や実践例を基礎にしているので，普遍的特性を持つ国家レベルのカリキュラム開発を基礎にするのは難しいという短所がある。実際に韓国の 2007 改訂家庭科カリキュラムの場合，学問中心カリキュラム開発の観点と，実践的問題中心カリキュラム開発の観点を持つ開発者たちのプラットホームを共有するプロセスが円滑にいかず，2 つの観点を混合して用いるカリキュラムが開発された（ユ・テミョン，2006b）。

02　実践的問題の本質

　ブラウン（1980）は，家政教育学の学問的カテゴリーの分割は，この分野に従事する人々が行う活動の側面から，または学問分野としての本質の側面から，行うことができるが，この 2 つの側面をすべて見過ごすことなく，明瞭な自己検討プロセスを経て，その分野に従事する人々が行う活動を考慮し，専門分野（profession）としての本質と学問分野としての本質を考慮して，家政教育学を実践科学とした。専門分野は，人間と社会における諸問題に対して，個人と社会に有益な方向で解決することができるように専門的知識を提供する使命，あるいは社会的目的を持つ。実践科学とは，知識の追究を主な目的とする理論的学問分野とは大きく区別される概念で，人間と社会の問題解決に必要な個人的社会的行動に関与する実践的学問分野を意味する。

　家庭科教育は，歴史的に実践科学として個人と家族の実践的問題の解決にどのように寄与できるかを重点的に扱ってきた。ブラウン（1978）はこのような家庭科教育の性格に適合した教育内容を，恒久的本質を持つ実践的問題を中心に選定・組織することを提案した。また，実践的問題の解決には経

験・分析科学や解釈科学だけでなく，批判科学の知識と方法が全て要求されることを強調した。

　最近の家庭科カリキュラムの動向を検討すると，実践的問題中心カリキュラムの観点は，2008 年に開発された米国家庭科カリキュラム・ナショナル・スタンダードで採用されたし，プロセス指向カリキュラム，およびプロセスの問い（第 5 章参照）と 3 つの行動体系（第 5 章参照）の概念とともに，米国の多くの州の家庭科カリキュラムに反映されている。

　実践的問題は，私たちが毎日の生活で直面し，解決していく生活の具体的状況における行動と関連する。第 1 章で扱った観照活動（seeing）に代弁される理論的問いとは区別され，実践活動（doing）に関連する（図 1.2 参照）。したがって，私たちはどのような状況で，どのような行動をとるべきかを取り扱う。ここで，どのような状況という意味は，問題が起きた背景と脈絡（context）によって，解決の仕方も変わることを仮定している。どのような行動をとるべきか，あるいはどのような行動が最善かという意味には，設定した価値を置いた目標（valued ends）に照らして，A のように行動することが，B のように行動するより良いという仮定が内在している。こういう暫定的結論に到達するためには，行動の道徳的妥当性および正当性を考慮した実践的判断（practical judgment）が必要である。また暫定的に行動しようと思う行動（alternative action）を取った時（あるいはなんらかの行動を取らないことが最善の場合，行動を取らない時），どのような波及効果（consequences）が現れるか，最終的に自分たちが想定した価値を置いた目標（valued ends）に照らして望ましいか，に関する推論も必要である。このような弁証法的思考プロセスと判断を通じて，行動（action）し，行動に関する反省と思考プロセスに関するメタ認知的評価を経て，この後に直面する問題をより賢明に解決していくことができるコンピテンシー（力量）を育てることになる。このような一連の思考，判断，行動と反省のプロセスが，実践的推論プロセス（practical reasoning）である。このような本質を持つ実践的問題は，価値と関連する問題であり，判断が求められる問題であり，すでに言及したように，行動に関連する問題でもある。

03　実践的問題と理論的問題の差

　実践的問題と理論的問題は，①問題の脈絡，②目標の一般的・特殊的水準，③解決方法の側面から，互いに区別される（Brown & Paolucci, 1979）。

　第一に，実践的問題は特定の脈絡のなかで存在する問題であり，問題解決のために，この特定の脈絡が考慮されなければならない。A という文化における家族の仕事と家庭生活の問題と，B という文化における家族の仕事と家庭生活の問題は，仕事と家庭生活の営みという恒久的本質を持つ問題であるが，A 文化と B 文化における問題解決は他の様相を見せる可能性もある。反面，理論的問題はどのような脈絡にも影響を受けず，どのような脈絡でも真である問題を扱う。「切っておいたりんごの褐変現象の原因は何か」のような問題は，具体的時間，地域，文化などの脈絡と関係なく，褐変現象が起きる科学的原因を探究できる理論的問題である。

　第二に，実践的問題を扱う意図は，特定の状況や脈絡において問題解決を模索することを目的とする。反面，理論的問題を扱う目的は一般化された知識を創造することである。

　最後に，実践的問題は『どのような行動をするべきか』に関する思考に基づいて，なんらかの望ましい行動を取った時，解決されたと考える。理論的問題では，一般化された真理陳述文（generalized statement）を創造した時，解決されたと考える。

　理論と実践の分離は，個人と家族の生活を意味あるように営むことに関してだけでなく，家政学専攻者などが家族のために専門性を発揮することに関して，助けにならない。実践的問題解決には，理論的知識を考慮した実践が必要であるので，理論と実践の分離は望ましくない。ただし，理論と実践の統合はどの学問分野でも同じように求められるが，主な任務と取り扱う問題の本質，問題を認識する観点，問題を解決する脈絡によって，理論と実践の比重，役割，作用などが異なる。このような理由から，学問の本質を想定して，これに忠実に遂行することが何より重要である。

04　実践的問題の時間的観点

　実践的問題を扱う場合，どのような抽象的あるいは具体的レベルで扱うのが適切かについて質問することになる。米国のいろいろな州の事例を調べてみると，広義の概念（broad concepts）を中心に実践的問題が提示される場合もあり，かなり具体的概念を中心に実践的問題が提示される場合もある。こういう問題は実践的問題に関する時間的観点に準じて分析すると，簡単に理解することができる。すなわち，広義の概念を中心に開発された実践的問題は，本質的に，恒久的問題であるからである。もう少し具体的な問題は，広義の概念のもとで，生涯の特定の段階に関する問題であるとか，ある特定の価値を置いた目標（valued ends）と関連した問題であるからである。ここでは，実践的問題の，①世代を越えて繰り返し起こる恒久的本質，②個人と家族の発達変化する生涯の段階によって異なる本質，③問題解決が将来に寄与しなければならない本質を時間の観点から扱いたい。

　はじめに，同じ内容・要素を扱っても，個別の学問や教科はどの時間的観点で問題として扱うかが異なるという点に関して検討したい。

　第一に，家庭科の場合，世代が変わっても，あるいは世帯内においてでも，恒久的，持続的反復的に繰り返し現れる時間的本質を持つ問題を取り扱う。反面，社会科の場合，特定の時期に最も緊急に取り扱わなければならず，当面する時間的本質を持つ問題を即時的に取り扱う。すなわち，家庭科では恒久的，持続的，反復的問題を，社会科では即時的問題を主に取り扱う。

　恒久的本質を持つ問題は，人間であるから直面する問題なので人間の存在が始まって以来の歴史的背景が重要な要素となる。私たちは同じ内容要素をいろいろな教科で取り扱うので，教科の観点と重点をよく把握することがより一層必要だということを認識しなければならない（図1.5参照）。同じように，限られた授業時間数で，どの問題を扱うのかを選定する原則を立てることが必要である。答は，まさに人間存在だから必ず直面する恒久的本質を持つ実践的問題になるだろう。ブラウンとパオルチ（1979）は10代の妊娠問題の事例を挙げ，この問題は当然解決しなければならない即時的な個人，家

族，社会の当面の問題であることは明らかだが，このような問題があまり起きないようにすることに寄与する，さらに根本的な恒久的問題は何かを考えることを力説した。恒久的本質を持つ自我形成（self-formation）の問題や，自尊感情の問題を優先的に扱うことが必要だろう。おそらく，食習慣，誇示消費，ストレスなども 10 代の妊娠と同じ，即時的時間的本質を持つ問題に属するので，これに関連する恒久的本質を持つ問題は何かを検討して狭めていけば，最小必須の内容要素を選定する，国家カリキュラム内容の選定と組織のための実際的方法になるだろう。そうではなく，即時的な問題に時間を割くならば，本来人間存在であるから必ず扱わなければならない恒久的問題を見過ごすことになる。これは，悪循環を招き，あまり重要でない別の即時的な問題の発生を招くことになる。

　第二の観点は，もう少し具体的な実践的問題は個人の生涯と家族の周期によって変化するという点である。ブラウンとパオルチ（1979）は各家族の周期によって他の問題に直面することになるから，家族が家政学の使命に提示された自我形成と社会的参加をするためには，個人と家族の発達状態によって，実践的問題の焦点を認識することが必要であると述べた。

　第三の観点は，実践的問題の解決が未来に寄与できる問題だということの考慮である。このような未来を考慮する時間の観点は，家政学の使命に提示された自我形成と社会的目標，目標達成方法を探すのに寄与するかに関する判断を通じて達成されるはずである。すなわち，実践的問題の解決では，自由な人間と自由な社会の形成に寄与する実践的問題を扱うことが必要である。

　以上のような時間の観点に対する検討は，歴史的に，すなわち，過去から現在まで，また未来にも起きる，恒久的本質を持つ問題，個人と家族発達の変化する生涯段階にともなう問題，問題解決が未来に寄与しなければならない問題の本質を考慮し，いかなる実践的問題を選定して扱わなければならないかに関する指針を提供してくれる。また，このような時間の観点を持つ実践的問題の特性を考慮して，何を目標に（第 3 章参照），いかなる方法（第 5 章）で扱わなければならないかに関して深く考えなければならない。

05　実践的問題中心カリキュラムに関する議論

　米国の場合，1970 年代以後，現在に至るまで，持続的にブラウンなどの家庭科教育哲学と実践的問題中心カリキュラムに親しんできたが，韓国の場合，1990 年代初めに紹介され始めたので，その歴史は相対的に短い。このため，家庭科教育専攻者は 2007 改訂カリキュラムに一部受容された実践的問題中心カリキュラムに関して正しく理解することが求められる。実践的問題中心カリキュラムに関する理解が不足する場合，提起される論点[9]を中心に，実践的問題中心家庭科カリキュラムの当為性を探究し，2010 年から施行されている新カリキュラムを実効あるものにするために理解できるようにしたい。

1　実践的問題中心カリキュラムと，従来の学問中心カリキュラムで取り扱う内容の要素は同一であるが，なぜ新しいアプローチ法のカリキュラムが必要か。

　教育内容をどのように選定し組織するかによって，またその基本になる観点が何かによって，教育の経験や評価の要素等の構成も異なる。そのために，同一主題や内容要素だけでは教科を区別できない。実践的問題中心カリキュラムでは，何よりも，授業中に問題に関連する行動の代替案と，行動の波及効果，行動によって実践する部分を重点的に扱う。反面，学問中心カリキュラムの授業では，知識と理論中心に教育内容を取り扱い，実際に行動によって実践する部分は，生徒自らが各自学んだ内容を実生活に活用したり，適用したりするように指導するに終わる場合が多い。もちろん，近年授業評価を活用して，実践経験を提供し評価する機会は拡大したが，充分とは言えない。また，実践的問題中心カリキュラムでは問題を取り扱うプロセスと，それに

9）この部分はユ・テミョン（2006b）「実践的問題中心家庭科カリキュラムの理解」，韓国家庭科教育学会誌，18（4），pp. 193-206の一部であるので，さらに多くの論点を理解するためには，本論文を参照。

必要な高度な思考能力を重視する一方，学問中心カリキュラムでは知識の理解と暗記の側面に重点を置き学習結果を重視するという点が異なる。したがって，授業中にどこまで実際に経験し思考できるようにするかの違いがあり，このような授業の長期的な蓄積によって生徒のコンピテンシー（力量）が異なってくる。本来，ブルーナー（Bruner, 1964）が知識の構造で主張した学問中心カリキュラムで，科学の例をあげれば，生徒たちが科学を学習する時には科学者が探究するように探究できるようにしなければならないということである。ところが，韓国の教育では探究プロセスなしに，科学者が探究してきた学問の理論や知識を伝授する形式の授業がしばしば見られる。イ・ホンウ（2006）は，これを中間知識の伝達に終わると述べ，批判したことがある。また，教授・学習プロセスによって問題を解決し考えた経験を持つ学生は，自分の生活で類似の問題に直面した場合，どこから問題を取り扱うべきか，どのような情報をどこで得るのか，どのような点に考慮して判断するべきかに関する能力を育成し，自ら人生を生きぬくことができるようになる。

2　実践的問題中心カリキュラムは概念，原理，知識，理論などをどのように扱うか。

　この質問は上述の学問中心カリキュラムに関する議論で部分的に扱った。実践的問題を扱うには，関連する事実情報と価値情報，全てを必要とする（Kister, Laurenson & Boggs, 1994）。この間，家庭科で主要に扱ってきた概念，知識，原理，理論は事実情報の核心的要素である。なぜなら，実践的問題中心カリキュラムは，任意的，便宜的，個人の選好的考えに基づくものではなく，最も妥当で正当な行動の根拠としての概念，知識，原理，理論に基づくことを絶対見過ごすことはできない。さらに，それに限らず，社会的・歴史的・文化的背景，考え方や信念，価値などを考慮して，どのような行動が望ましいかを判断するプロセスを含む。特に，この判断プロセスにおいて，価値情報を持ち，個々の問題に関係する価値と，生徒が持つ他の多様

な価値などを比較して，判断の基準を作り，価値の優位性を判断することができる。

3　実践的問題中心カリキュラムは，技能や技術的な側面をどのように扱うか。

　実践的問題を取り扱うプロセスを検討する場合，家庭生活の技術的行動，コミュニケーション的行動，批判的行動を全てよく維持することが大変重要である（Brown & Paolucci, 1979; Kister, Laurenson & Boggs, 1994）。ここで，技術的行動とは物質的欲求を充足させる行動であり，合目的的な行動であるから，実践的問題中心カリキュラムでは家庭科で扱ってきた技能と技術的側面も重視して取り扱うことが分かる。ただし，技術的行動に関連する内容を取り扱っても，技術の練磨や円熟だけを目的とするのではなく，その活動にある内在的価値，教育的価値や意味を考えられるようにすることが必要である。また，家庭科において恒久的本質を持つ問題を取り扱う場合も，時代によってどのような実践的問題を扱わなければならないかに関して絶えず検討することによって，要求される機能が変わるはずである。

　現在，家庭科教科書を調べると，教科外から認識されているような，料理と裁縫，伝統的な家族価値観，家事労働中心の管理，選択中心の消費など，現代の状況から遅れた内容だけを取り扱ってはいない。実践的問題中心カリキュラムでは，家庭科固有の内容と全く異なる内容を取り扱うよりも，恒久的本質を持つ衣食住，資源と消費，家族の問題は変化することではないので，各領域において内容の縮小と追加が必要な部分を考慮して，構成することができる。上述したように，どの内容を扱うかが重要なのではなく，どのような観点から，どのような目標を持って，どのような意味を付与するかによって，料理や被服構成はこれまでとは異なる取り扱いをすることができる。

4　実践的問題中心カリキュラムでは，家庭科の性格や内容は道徳科や社会科とどのように異なるか。

　実践的問題中心カリキュラムは，家庭科が扱わなければならない問題をより多様な観点から，幅広い理解を土台に，妥当で信頼できる根拠を基礎にして判断し，理性的な行動に達するようにするカリキュラムである。したがって，学問中心カリキュラムに比べ，自ずから幅広く統合的になり，学際的なアプローチが要求される。このような理由から，道徳科や社会科で扱うことができる問題の一定の部分も，家庭科で取り扱うことができる。さらに正確に表現すれば，扱うことがむしろ望ましい。現代社会では学問領域を明確に分けるのは不可能になっているが，その理由は，個々の学問が周辺の類似の学問と協働的に研究するようになり，その境界が少しずつ拡大したり，崩れたりしているからである。また，他の理由としては，実践的問題の属性上，1つの学問分野の知識や理論だけで解決するのが難しい場合が多いからである。教科の次元でも同じ現象や要求が現れたが，教科統合型や主題統合型カリキュラムに対する要請がまさにそれである。

　しかし，韓国のような国家基準のカリキュラムを開発して運営する場合，教科統合型カリキュラムは実行が非常に難しいのが実情である。また，教科重複性を問題と感じて，教科間で連係できる内容を無条件に削除したり，当該教科に分けたりするのも正しくない。こういう問題を考慮した最善の方法は，同じ概念・主題・教育内容あるいは問題を扱っても，教科ごとに別の観点・アプローチ法・重点・解決方法・性格と目的によって，独創的に取り扱う時，教科の役割を全面的に果たすことができるようになる。そのために教科の性格と目標を具現できるカリキュラム・アプローチ法や観点を持つことはより一層重要である。特に，家庭科と類似あるいは同じ主題が分析された結果を見ても，今後家庭科領域をよく維持していかなければならない責任がある。この責任は，単に教科利己主義的な発想ではなくて，家庭科で扱わなければならない問題をなるべく守ることによって，家庭科の使命を果たすこ

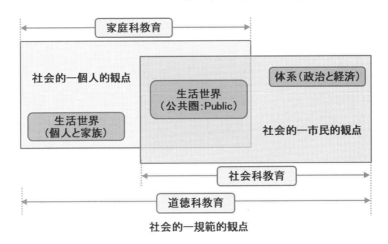

<図1.5>　家庭科，社会科，道徳科で取り扱う領域と，
問題を扱う観点

資料：ユ・テミョン（2006b: 203）。

とに寄与しなければならないためである。いろいろな教科のなかで，家庭科
と関連性が強い道徳科と社会科の性格や領域の差を<図 1.5>に図式化した。
　この図が表しているのは，家庭科で扱う家庭生活は社会的条件に絶えず影
響を受けるから，家庭生活の問題を正しく扱うには従来の社会科や道徳科で
扱う問題に関する検討を部分的に行うことが求められる。また，家庭生活の
範囲はますます拡大していきつつあり，問題解決も家庭内だけでは済まない
からである。結局，家庭科固有の領域とされてきた衣食住，家族などの生活
世界の私的領域（生活世界：個人と家族）に限定することはできず，共同体
の生活，市民活動，地域社会と仕事，社会的支援体系，文化創出など，生活
世界の公共圏（Public）にまで拡大しなければならないためである。2007
改訂カリキュラムの『生活設計とキャリア探索』と『家庭生活と福祉』大単
元の一部の内容は，ここ（公共圏）に属していると考えることができる。ま
た，家庭生活における行動は，道徳的に妥当で，個人と家族だけではなく，
公共の善も追求しなければならないから，道徳科で扱う問題とも一部重複するだ

ろう。ただし，社会科（社会的―市民的）と道徳科（社会的―規範的）の観点と異なり，家庭科（社会的―個人的）の観点から問題にアプローチしなければならないだろう。そうでなければ，家庭科と，社会科・道徳科との固有教科としての正当性を失うことになり，各教科の役割を果たせなくなるという逆の影響が現れることがあるので留意しなければならない。

第5章
教授・学習方法：実践的推論

01　韓国家庭科カリキュラムでの実践的推論

　韓国 2007 改訂技術・家庭カリキュラム解説書では，改訂の重点として実践的推論学習が強調された点を挙げ，「家庭生活において直面する問題を解決するために，実践的推論プロセスを適用するようにした」（教育科学技術部，2008: 217）と紹介されている。実際に，『家族関係』の中単元の内容の部分で，「家庭において発生する日常的で多様な葛藤と，葛藤が起きた背景と，このような葛藤が家族に及ぼす影響をいろいろな側面から把握するようにする。また，葛藤が起きた時，普段家族構成員が対処している方法はどのようであるか，さらに望ましい対処方法は何かを考えて，葛藤を解決する方法を模索するようにする」（教育科学技術部，2008: 236）と解説した部分に，実践的推論が適用されたポイントを明確に見ることができる。教授・学習には「7-10 学年　個人と家庭生活の問題解決に関連する単元では，何をしなければならないかなどの問いから，行動の方向性を提示し，知識，技能，価値，判断力を統合的に適用して，問題を解決できるように指導する。特に，問題が起きた脈絡や状況を考慮して，学習者が行動する時，自分と他者に及ぼす影響を評価することによって，どのような行動をとらなければならないかに関して合理的意思決定をするように指導する」（教育科学技術部，2008: 258）と明示し，実践的推論プロセスをそのまま簡潔に解説している。2011 年 8 月に告示された 2009 改訂実科（技術・家庭）カリキュラム（教育科学技術部，2011: 20）の教授・学習方法でも，これと同じ内容の実践的推論プロセスが提示されている。それだけではなく，教科書認定基準（教育

51

人的資源部，2007b）にも，当該の教科書に実践的推論能力を育てることができる内容と課題が含まれているか，という項目がある。

　2009 改訂カリキュラムでも，同じように「教授・学習方法」項目で実践的推論プロセスを解説し使用している。また，「実践教科としての枠組み性を確立することができるように，教科での実践の意味を技術的行動，コミュニケーション的行動，自己反省的行動の有機的な統合体系と定義し，教授・学習活動を構成する時，これを反映させるようにする」で，3 つの行動体系を明示した。2015 改訂カリキュラムの「性格」の項目でも「自分と家族，地域社会，資源，環境との健全な関係を形成して全生涯にわたって技術的行動，コミュニケーション的行動，反省的行動をすることができるようにする」と，3 つの行動体系を明示した。

02　プロセス指向カリキュラムにおける実践的推論

　米国家庭科ナショナル・スタンダードは，実践的問題中心カリキュラムの観点を採用し，同時にプロセス指向カリキュラム（Process-Oriented Curriculum）[10] を唱えている。教育におけるプロセスの必要性は，社会の要求と課題を反映させて作成された 1991 年の「必要なスキルへの到達に関する事務局委員会（SCANS, Secretary's Commission on Achieving Necessary Skills）」報告書で強調された。産業界では，雇用に必要な高い水準のプロセス指向的基盤とコンピテンシー（力量）を要求し，全世界的に，技術とコミュニケーションの発達，これに関連する社会文化的変化ではプロセス指向的知識と能力をより一層要求している。急速に変化する世界のこのような状況は，学習者が情報を分析し用いる能力，他の人と協力する能力，理性的道徳的決定ができる能力を開発するようにする教育に対する要求を増大させた。米国家庭科ナショナル・スタンダードがプロセス指向カリキュラ

10）本節のプロセス指向のカリキュラムに関する内容は「全米家族消費者科学教育ナショナル・スタンダード（National standards for family and consumer sciences education）」NASAFACS（2008）を参考に作成した。

ムの観点を採用したことは，このような社会的要求をよく反映したものである。

　プロセス指向カリキュラムは，プロセス基準とプロセスの問い[11]（第 3 章参照）の形式で開発され，内容領域を取り扱うプロセスで活用できるように緊密に関連づけられている。すなわち，内容（content）とプロセス（process）の統合が試みられている。米国家庭科ナショナル・スタンダードは，1 つのプロセス基準で『行動のための推論』基準と，16 の内容領域[12]のための基準を提示している。2008 年から 2018 年まで使われる第 2 期ナショナル・スタンダードでは，1998 年の第 1 期ナショナル・スタンダードと同じ形式と内容体系が提示されているが，第 1 期ナショナル・スタンダードよりもう少し精巧に整えられた点が異なっている。第 2 期ナショナル・スタンダードでは，第 1 期と同じようにプロセス基準において『行動のための推論』基準を一部修正して提示した。推論で考慮しなければならない範囲を，1998 年基準では，自分，他者，社会としたのに対して，2008 年基準では，自分，他者，文化・社会，グローバルな環境に拡張した点と，関心事のレベルを，個人，家族，職場，地域社会，文化・社会，グローバルな環境のレベルに拡張した点が挙げられる。また，力量に使う動詞を，もう少し実行あるいは実践を表現する単語にした点に違いがある。

　＜表 1.4＞は，『行動のための推論』基準の包括的基準，内容基準とコンピテンシー（力量）を提示しており，この基準は 16 の内容領域を取り扱う共

11）プロセスの問いは，第3章第2節で詳しく扱うので，ここでは扱わない。しかし，行動のための推論基準と共に，プロセス指向カリキュラムにおける役割について述べている。内容領域においてプロセスの問いが用いられる例＜表1.2＞参照。
12）16の内容領域は次のとおりである。
　　1.0　キャリア，地域社会，生活の関連性　　9.0　食品科学，食事療法，栄養
　　2.0　消費者と家族資源　　　　　　　　　　10.0　観光と余暇
　　3.0　消費者サービス　　　　　　　　　　　11.0　住居，室内デザイン，家具
　　4.0　教育と幼児期　　　　　　　　　　　　12.0　人間発達
　　5.0　設備管理と維持　　　　　　　　　　　13.0　人間相互間の関係
　　6.0　家族　　　　　　　　　　　　　　　　14.0　栄養と健康
　　7.0　家族と地域社会サービス　　　　　　　15.0　ペアレンティング（子育て）
　　8.0　食品生産とサービス　　　　　　　　　16.0　織物，ファッションと衣類

通のプロセス能力において活用される。したがって，この基準を実践的推論授業のプロセスを設計する基準とすることができる。『行動のための推論』基準の包括的基準（comprehensive standard）は，「推論プロセスを，個人的あるいは協働的に，家族，職場，地域社会において責任ある行動をするのに用いる」（NASAFACS，2008）と提示された。

＜表1. 4＞　米国家庭科ナショナル・スタンダードの『行動のための推論（Reasoning for Action）』基準

内容基準	コンピテンシー（力量）
1. 自身と他人のための推論プロセスを評価する。	①他の種類の推論（科学的，実践的，人間相互的＜interpersonal＞）を分析する。 ②適切な推論と不適切な推論を区別する。 ③適切な推論の要件を設定する。 ④自分，他者，文化／社会，グローバルな環境のための，適切な推論と不適切な推論の結果を大別する。
2. 繰り返し起きて進化する個人，職場，地域社会の関心事を分析する。	①いろいろな関心事（理論的，技術的，実践的）の種類と関心事を扱う方法を分類する。 ②繰り返し起きて進化する個人，職場，地域社会の関心事を記述する。 ③繰り返し起きて進化する関心事を創造したり，維持したりする条件を記述する。 ④関心事のレベルを記述する：個人，家族，職場，地域社会，文化／社会，グローバル／環境的レベル。
3. 実践的推論の要素を分析する。	①理性的行動に必要な知識類型の特徴を識別する。価値を置いた価値，目標，脈絡的要因，可能な行動と波及効果。 ②自分，家族，文化／社会，グローバルな環境に関する短期的波及効果と長期的波及効果を分析する。 ③信念と行動に内在した仮定を分析する。 ④適切で信頼できる情報と，不適切で信頼できない情報の違いを識別する。 ⑤倫理的判断をするための役割の交換，普遍的波及効果，倫理の役割，他の基準を分析する。 ⑥適切な根拠と不適切な根拠の違いを識別する。

4. 家族，職場，地域社会における倫理的行動のための実践的推論を実行する。	①信頼できる多様な出所から情報を収集する。 ②繰り返し起きて進化する家族，職場，地域社会の特定の関心事を記述する。 ③関心事を解決するための目的／追求する価値を選定する。 ④特定の関心事を取り扱うために，責任ある行動を選択する基準を定める。 ⑤特定の関心事の条件，すなわち歴史的，社会・心理的，社会・経済的，政治的，文化的，グローバル／環境的条件を評価する。 ⑥特定の関心事の目的／価値を置いた目標のための理性的行動を引き出す。 ⑦実行可能な行動を批評するための，適合していて信頼できる情報を用いる。 ⑧実行可能な行動が，自分，他者，文化／社会，グローバルな環境に及ぼす短期的・長期的波及効果を評価する。 ⑨適合し，信頼できると判断される価値を置いた目標と情報に基づいて可能な根拠と行動を正当化する。 ⑩正当化された根拠，価値を置いた目標，脈絡的条件，行動の可能な波及効果によって，支持される行動を選択する。 ⑪選択された行動を達成するために，計画を立てる。 ⑫設定された基準と価値を置いた目標に基づく行動の計画を実行し，モニターする。 ⑬自分，他者，文化／社会，グローバルな環境への波及効果など，行動と結果を評価する。 ⑭実践的推論プロセスを評価する。
5. 行動のための判断の基礎になる事実的知識を得て，理論を検証するために科学的探究と推論をする。	①特定の質問に対する範囲，概念，科学用語を定義する。 ②情報，情報源，意見，証拠の妥当性と信頼性を判断する。 ③科学的原理，観察，証拠に基づく仮説を立てる。 ④科学的探究方法と推論を通じて，仮説と理論を検証する。 ⑤信頼できるデータと情報に基づいて，結論を導き出す。 ⑥科学的推論プロセスを評価する。

資料：NASAFACS（2008）. *National standards for family and consumer sciences education.*

03　実践的推論プロセス

1　実践的推論とは

　ブラウンとパオルチ（1979）は，家族が実践的問題や価値を基盤とする問題に直面する課題に関して記述している。実践的問題中心カリキュラムに基づくアプローチの核心は，問題や状況に影響を受ける人々が行動に達するプロセスを決めるのに実践的推論を使うということである。実践的推論が要請される状況は，明確に，互いに関連する 4 種類の特性を持っていて，①価値に関連している点，②行動する必要がある点，③不確かで変化する周囲環境，④どのような最善の行動を取らなければならないかに対する明確な答がない点である。実践的推論プロセスに参加する人は，目的と追求する価値を意識的に形成し検討して，技術的情報と技術を獲得し，使用して，代替案の行動と波及効果を考慮し，どのような行動をするかを決める。『行動のための推論』基準は高いレベルの推論プロセスの枠組みを提供している（NASAFACS, 2008）。

　「実践的推論は，実践的問題を取り扱い，解決するのに使用される熟練した知的社会的探求プロセスである」（Reid, 1979）と定義され，この定義は最も広く引用されている。実践的推論は，実践的問題を解くのに最も適した方法で最善の行動に到達するのに求められる高次的思考力である。実践的推論能力は，多様な資料を基礎に思考プロセスを通じて，最善の行動は何かを判断できる能力ということができる。したがって，実践的推論の授業は実践的問題中心カリキュラムのための授業において活用する最良の授業方法ということができる。

　一般的問題解決（problem solving）と実践的推論プロセス（practical reasoning）の違いは何か。前者の場合，大部分，科学的論理や技術的効率性を重視して「～を達成するために～をすることが最も効率的か」を探究する。これに対して，実践的推論プロセスの場合，科学的論理はもちろん重視し，同時に道徳的正当性を考慮して「～と関連して，どのような行動が最善の行動か」を尋ねる。

　前者の場合，学級のすべての生徒の問題解決プロセスには正解があり，そのプロセスでは科学的知識や原理が問題解決にとって最も基礎になる基準である場合が多い。後者の場合，科学的知識，原理だけでなく，価値，文化，歴史社会的背景を検討して，状況を考慮して，最善の行動が異なるようにすることができ，多様な意見を聞き，そのなかで現在の状況を考慮し，道理に合った最善の行動は何かについて，討論を通じて，意見を絞っていくプロセスが重要である。

　この時，教師は生徒が，まだ考えが及ばなかった部分や考慮しなかった部分に関して，考えるようにさせる専門性を備えることが必要である。こういうプロセスを経験した生徒は新しい問題に直面した時，授業中の活動経験を土台に，自分で問題を解決できる能力を育てることになる。また，こういう能力は授業中の遂行能力を示すものに終わることなく，生涯にわたって持続的に維持できる能力である。特に，将来の生活は多様で急激に変化するから，自分で最善の行動に達することができる能力を育てることが不可欠である。

2　実践的推論プロセスの要素

　実践的推論プロセスの要素を導き出すために既存のいろいろな文献を分析した。ブラウンとパオルチ（1979）の枠組みを最も基本的なものとし，アメリカ家政学会（AHEA，1989），全米家族消費者科学州管理者協会（National Association of State Administrators for Family and Consumer Sciences，NASAFACS，1998，2008），管理・カリキュラム開発協会（Association for Supervision and Curriculum Development，ASCD，2001）など，米国の学会や関連学協会の出版物；キスター，ローレン，ボッグス（Kister, Lauren & Boggs, 1994），ラスター（1982），オレゴン州教育局（Oregon Department of Education，1996a，1996b），スターランド & ストローム（1996）など，オハイオ州，オレゴン州，ウィスコンシン州の中・高等学校カリキュラム案内書；フェジェ（Fedje, 1998），ジョンソン & フェジェ（Johnson & Fedje, 1999），クニッペル（Knippel,

1998)，ラスター ＆ ドーナー（Laster & Dohner, 1986)，ラスター ＆ トマス（Laster & Thomas, 1997)，マーティン（Martin, 1998)，オルソン（Olson, 1999)，トマス ＆ ラスター（Thomas & Laster, 1998）など，米国家政学会が出版する年鑑シリーズを参考にして検討した。

　実践的推論プロセスの要素には文献ごとにそれぞれ異なる用語が使われている。まず，初めて実践的推論プロセスに接する場合には，このような多様さがやや複雑で困難さを感じさせるので，いろいろな文献で用いる用語や名称の事例を＜表1.5＞に簡略に整理した。

　実践的推論プロセスに使われる用語だけでなく，構成する要素にも文献別に少しずつ違いがあったが，より具体的な段階で構成したり，簡略にしたりする場合もあった。また，その順序も，本来の実践的推論プロセスの本質のように，常に同じではなかった。ブラウン ＆ パオルチ（1979）の場合，目標（goal, state of affairs)，脈絡（context)，方法（means)，結果（consequences)，行動の評価（judgment for action）の要素を提示した。フェジェ（1998)，クニッペル（1998)，スターランド ＆ ストローム（1996）の場合，価値を置いた目標（valued ends)，脈絡（context)，方法（means)，結果（consequences）という要素を提示した。オレゴン州教育局（1996a, 1996b）の場合，望ましい結果（desired results)，脈絡（context)，代替案（alternatives)，結果（consequences)，行動（action）によって実践的推論の要素を提示している。

<表1. 5>　実践的推論プロセスで用いられる用語

実践的推論プロセスの要素	外国文献の用語	国内文献の用語
価値を置いた目標	valued ends, goals, desired results, desired ends, desired state of affairs, desired value, valued criteria	価値を置いた目標，価値目標，期待する目標，期待する結果，望ましい結果，理想的状態，望ましい状態
問題の脈絡と背景	context, background	脈絡，背景
代替的行動と方法	alternative, alternative action, possible means, technological information	代替案，代替的行動，手段，方法
行動の波及効果	consequences, risks, outcomes	行動の波及効果，行動の結果
行動および評価	action, reasoned action, reflection, evaluation, judgment of what to do	行動，実践，行動の反省，行動の評価，実践的判断

　AHEA（1989）と NASAFACS（2008）の場合，実践的推論プロセスを始める前の準備プロセスにおいて問題究明に役立つ推論方法[13] と，実践的推論を支援する推論方法[14] をともに提示している。NASAFACS（2008）の

13）実践的推論プロセスのための準備プロセスにおける推論方法
　　（資料：AHEA, 1989; Fox & Laster, 2000; NASAFACS, 2008）
　　・自分と他者のための推論プロセス評価
　　・繰り返し発生・進化する個人，職場，地域社会の関心事の分析
　　・家庭科のための問題を確認するプロセス
　　・家庭科のための問題の分析と構造化プロセス
　　・実践的推論の要素分析
14）実践的推論を支援する推論方法（supportmg reasoning）
　　（資料：AHEA, 1989; Fox & Laster, 2000; NASAFACS, 2008）
　　・家庭科の概念分析
　　・家庭科情報の概念化
　　・推論と行動の問題に関するモニターと評価
　　・家庭科のための批判的認識プロセス
　　・非公式的（日常的）推論－発展的な議論

『行動のための推論』基準には，実践的推論と一緒に提案された推論である科学的推論，人間相互的推論（interpersonal reasoning）がある＜表1.4参照＞。フォックス ＆ ラスター（Fox & Laster, 2000）は実践的推論と関連する推論として，人間相互的推論，価値／道徳的推論，科学的推論を示し，これら全ての推論は互いに緊密な関連を持っていて，実践的推論に必須であると述べている。

　以上の実践的推論プロセスに関する理論書とカリキュラム案内書を分析してみると，問題究明，関心事の把握，価値を置いた目標，問題の脈絡，問題の背景，価値情報の解釈，技術的情報分析，手段と方法，代替的行動，代替的戦略，波及効果，行動の結果，行動，行動の反省，行動の評価，実践的判断などの多くの要素が含まれている＜表 1.5 参照＞。本書では，実際に家庭科の授業を実施する時の状況を考慮して，①問題究明，関心事把握，価値を置いた目標の要素を，価値を置いた目標（valued ends），②問題の脈絡，問題の背景，価値情報の解釈を，問題の脈絡と背景（context），③技術的情報分析，手段と方法，代替的行動，代替的戦略を，代替的行動と方法（alternatives and means），④波及効果と行動の結果を，行動の波及効果（consequences），⑤行動，行動の反省，行動の評価，実践的判断の要素を，行動と評価（action and reflection）として，次のようにカテゴライズした。

・価値を置いた目標
・問題の脈絡と背景
・代替的行動と方法
・行動の波及効果
・行動と評価

・家庭，家族，地域社会の争点に関する価値／道徳的推論
・意思決定プロセス
・新しいアイデアの作成
・科学的推論
・人間相互的推論

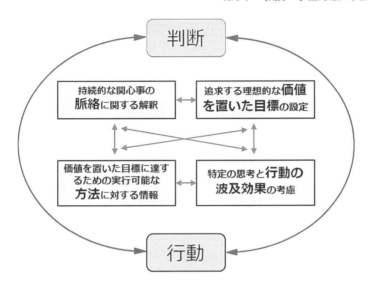

＜図1．6＞　実践的推論プロセス

資料：Hittman & Brodacki-Thorsbakken（1993；Fedje, 1998 再引用）．

　いろいろな文献（Fedje, 1998; Knippel, 1998; Oregon Department of Education, 1996a, 1996b）において，実践的推論プロセスを図式化した図を提供している。そのうちでヒットマン ＆ ブロダキ＝ソースベッケン（Hittman & Brodacki-Thorsbakken, 1993; Fedje, 1998 再引用）の＜図1.6＞は，前にカテゴライズした実践的推論プロセスの要素を最もよく示している。

3　実践的推論プロセスで扱う内容

　実践的推論プロセスは，段階別に順に行われる思考プロセスというより，実践的推論プロセスの要素を深みのある問いを通じて思考し，必要に応じて繰り返すものである。特に，各要素は独立して扱われるよりは，同時に考慮され，実践的判断と行動に導く。このような観点から実践的推論プロセスについて簡単に説明する。

1)　価値を置いた目標

　価値を置いた目標では，取り扱う実践的問題を解決した時に，達成したい結果と目標をあらかじめ想定する。一般的に，問題は現在の状態と理想的な状態との間にギャップがある状況を意味する。価値を置いた目標を達成することによって，理想的な状態，すなわち期待する，または希望する結果に到達する。そのため，現在，直面している問題を解決するために，理想的な状態とは何か，どのような目標を達成することが必要かを考えなければならない。この時の目標は，特定の個人のためにというよりも，多くの人々のために価値あることでなければならない。あたかも，実践的知恵を持つ人（フロニモス）が自分のために良いことを始めたが，共同体のために最善なことは何かを思慮深く考えて判断するのと同じ論理である。しかしながら，理想的な，希望する，期待する，価値を置いた状態を，非常に抽象的な『望ましい』若者，『望ましい』消費のようなレベルで想定するのは望ましくない。なぜなら，価値を置いた目標は，代替的行動と方法を探す時や行動を評価する時の基準として作用するから，望ましい若者や家族関係がどのような状態なのかが漠然としかわかっていなければ，深みのある推論がされず，恣意的判断につながることがあるからである。すなわち，『私たちが立てた代替案は望ましい状態とは何かはよく分からないが，多分望ましい』という判断につながるからである。それよりは，例えばアイデンティティを形成した青少年，持続可能な消費という価値を置いた目標を設定したとすれば，ある代替的な行動を探したり，行動を評価したりする時，その行動はアイデンティティ形成に寄与するか，持続可能な消費を可能にするかというような問いを通じて，実践的判断に達する。

2)　問題の脈絡と背景

　問題の脈絡と背景には，問題の現在の状態を把握するすべての知的活動が含まれる。現在の状態を把握するという意味は，ある社会的，歴史的，文化的，経済的，宗教的，思想的，政治的，情緒的，環境的などの脈絡で，現在の問題が発生したか，問題が続いているか，問題が深刻化しているかを理解

する作業である。関連する情報，知識，理論は何かを探してみる。また，問題に関連している人々は，どのような価値を追求するか（この部分は価値を置いた目標でも取り扱う），どのような要求と関心を持っているか，どのような伝統，規範と慣習に従うか，どのような偏見，先入観，感情，知的能力を持っているか，追求する価値，規範，文化，考え方などのような葛藤が存在するかを理解しなければならない。価値情報をよく吟味する作業を意味する。この時，表面に現れる価値，信念，考え方だけを扱うのではなく，表面に現れない誤った価値，信念，考え方などを批判的に見ることができなければならない。この部分は，批判科学的観点から実践的推論を深めるのに，特徴的なプロセスであるから，第 4 節で別個に取り扱う。

3)　代替的行動と方法

　代替的行動と方法は，今まで典型的に（typical）行われてきた行動を検討し，価値を置いた目標に達することができる代替的行動を探すプロセスである。このために，代替的行動のための技術的情報を分析し，可能な戦略等を探してみる。この時，その代替案を提示した根拠を提示し，その根拠が妥当であるかを検討する。選択可能な技術的，コミュニケーション的，解放的行動を提案してみる。これに必要な知識，技術，コンピテンシー（力量）などは何か，どこでこういう情報を探すことができるだろうか，どのような情報源が信頼できるかなどの情報を探すプロセスが含まれる。この部分は，問題の脈絡を理解することによっても達成される。文献によって異なるが，代替的行動と方法／波及効果／行動と評価は，同時に起きる場合が一般的である。例えば，1 つの代替案が正当かを検討するプロセスと，行動の波及効果をあらかじめ推論するプロセス，行動の波及効果を考慮して，最終行動と戦略によって選択するプロセス，行動の波及効果を考慮して，また他の代替的行動と方法を探すプロセス，行動を評価した後，再び他の代替案を模索するプロセスなどの組合せが可能だし，その順序も段階的でない。したがって，正確なカテゴライズは事実上できないし，また望ましくない。便宜的に，実践的推論プロセスの要素をカテゴライズするけれども，実践的推論プロセスは分

離できない一連の知的活動だからである。こういう実践的推論プロセスの本質に基づくと，＜表 1.4＞，＜表 1.5＞，＜表 1.6＞のカテゴリーと具体的内容と質問は完全には一致しないことがある。

4)　行動の波及効果

　行動の波及効果ではどのような提案された代替的行動をした時，予想される結果を考慮してみる。一般的に何らかの行動をすれば，他の行動を引き起こすことになり，人間の行動は簡単に予測できないし，常にその行動の波及効果に関する不確実性が存在するので，行動の波及効果の検討は大変重要である。さらに個人の行動は，個人にだけ影響を及ぼすのではなくて，他者やさらに広く社会に影響を及ぼすことになるから慎重な思慮と判断が要求される。したがって，行動の波及効果プロセスは推論という本質が最もよく具現されるプロセスだと考えることができる。最も基礎的な哲学的思考活動であり，すべての人々がこのような行動をするならば，あるいはしないならばどのようなことが起きるのかを考えてみることができる。代替的行動は自分と家族，社会にどのような影響を及ぼすことになるか，いかなる変化を招くか，短期的，中・長期的にどのような結果をもたらすか，他の人たちは私たちの代替的行動をどのように解釈するかなどを検討する。これを通じて，個人次元，家族次元，地域社会次元，グローバル次元での行動を提案することができる。すべての提案された代替案は価値を置いた目標を成し遂げるのに寄与できるのか，考えてみる。

5)　行動と評価

　行動と評価では，提案された代替案と戦略等のうち，実践的推論プロセスを全体的に考慮する時，どのような行動と戦略が最も正当化できるか，実践的判断に到達する。このような判断に基づいて，最善の行動と戦略を最終的に選択し，実行に移すのに必要な知識，機能，条件を備える。また，行動に達することになったプロセスを反射熟考的に省察することによって，価値を置いた目標を行動が達成するか，行動のプロセスはどうだったか，実践的判

64

断プロセスにおいて推論は正しく行われたかを評価してみる。推論を通じて，自分に関して分かったことは何か，自分の思考プロセスはどうだったかというようなメタ認知的問いを通じて，家政学の使命として目標にしている個人の成熟した自我に寄与できる。

　文献を基礎に，実践的推論プロセスで扱う内容と問いを＜表 1.6＞に再構成した。この表を基礎に，実践的推論授業あるいは実践的問題中心授業を設計，開発，実行しようと考える時，具体的内容と問いの例は参考になるだろう[15]。

＜表1. 6＞　実践的推論プロセスで取り扱う内容

実践的推論プロセスの要素	各要素で取り扱う内容
価値を置いた目標 (Valued Ends)	• 状況に関連するすべての人々の最大の関心事は何か。 • この状況にはどのような種類の価値が含まれるか。 • 葛藤が生じる価値は何か。 • どのような価値により重い比重を置くか。 • 家族構成員のために希望した結果は何か。 • 地域社会が発生を希望することは何か。 • 1つの全体としての社会が最終結果として現れるのを願うことは何か。 • この状況においてすべての人々に最善の結果は何か。 • 理想的な状況や結果は何か。 • 何が行われなければならないか。 • 何を行うことが正当か。

15）実際に実践的推論の授業を行う時，使うことができる問いの事例は，第2部 第4章問いの開発の部分を参照。

問題の脈絡/ 背景 (Context)	• この問題の原因は何か。 • この要求は誰が作っているか。 • 問題の支配的観点は何か。 • 支配的観点は私たちの思考のどこから始まったか。 • どのような社会的勢力が支配的観点を強化するか。 • 誰の関心が満たされているか。 • このような状況は過去にどうだったか。 • この状況に過去はどのような影響を与えたか。 • この状況での経済，政治，宗教，文化，社会，歴史，情緒的要因は何か。 • この状況と関連する個人の見解は何か。 • この状況と関連して，影響を受ける人は，誰で，機関はどこか。 • この状況と関連して，集団的に思い違いしていることは何か。 • この状況と関連して，偏見，先入観はないか。
代替的行動と 方法 (Alterna- tives/ Means)	• 必要な情報，知識，理論などは何か。 • 必要な情報，知識，理論などはどこで獲得できるか。 • 情報の出所は信頼できるか。 • この情報はどれくらい偏っているか。 • 価値を置いた目標に達するためにどのような段階が必要か。 • 支配的観点の問題点は何か，改善されなければならない点は何か。 • 他のどのような観点を持てるか。 • どのような戦略が可能か。 • 誰が仕事をすることができ，これをするために何が必要か。 • 目標に到達するために使った行動は何か。 • このような行動を支持した理由は何か。
行動の波及 効果 (Conse- quences)	• 特定の望ましい結果（desired result）を樹立したことの波及効果は何か。 • もしどのような状況が発生すれば，どのようなことが起きるか。 • もしどのような状況が発生する場合，いつか，誰がそれを体験するか。 • このような状況はどのような影響を及ぼすか。 • 個人，家族，社会にもたらされる結果は何か。 • この行動の短期的，長期的結果は何か。 • この行動によって影響を受ける人は誰か，私の人間関係はどのような影響を受けるか。

	● 家族構成員に与える肯定的，否定的影響は何か。 ● 私たちが提案した行動を全員が実行した時，何が起こるだろうか。
行動と評価 **(Action/** **Reflection)**	● 今の状況でいろいろな脈絡に関する理解と代替的行動の波及効果を考慮すれば，私はどのような行動をとるべきか。 ● どのような選択が自分の価値を反映させながら望ましい結果を導く最善の選択か。 ● 私と家族，他者のために最も肯定的な結果をもたらす選択か。 ● 同じように選択するか。 ● すべての人々がこの問題に対して同じ決定を下すならば，どうなるか。 ● どのような戦略が理想的な変化をもたらすか。 ● どのような戦略が最も正当化されるか。 ● どのようにこの戦略を実行できるか。 ● この選択を実行するために要求される技術は何か。 ● 行動を実行するのに，どんな障壁があったか。 ● 実行の邪魔になる要素を克服する方策は何か。 ● 倫理的な行動か。 ● このような行動が家族，他者の幸福をもたらすだろうか。 ● このような問題解決の経験が未来の問題解決にどのような影響を及ぼすだろうか。 ● 何を学んだか。 ● 間違った考え，偏見，先入観，衝動による判断ではなかったか。 ● 判断に達するまで，自分の思考プロセスはどうだったか。 ● 推論プロセスを通じて，自身に関して知ったことは何か。

資料：イ・ミンジョン（2010）。

　実践的推論プロセスで，＜表 1.6＞に提示されたすべての問いを扱えというのではなく，ある内容がどの要素に該当するかを説明するために提示した。しかし，上のようにカテゴライズされた実践的推論プロセスでは先に説明したように，便宜上多くの要素を減らしている。実践的推論の授業を実施した経験がある教師は，＜表 1.7＞の AHEA（1989）が提示した実践的推論プロセスを自分の授業に導入することを推奨している。

＜表1. 7＞　AHEA（1989）が提示した実践的推論プロセス

区分	内容
1. 家庭科問題を認識／究明するプロセス	・ 技術的家庭科問題を認識する。 ・ 実践的家庭科問題を認識する。 ・ 解釈的／概念的家庭科問題を認識する。 ・ 行動の肯定的，否定的影響に関して検討する。 ・ 家族問題が起こり，継続する条件を認識する。
2. 家庭科のための問題分析と構造化プロセス	・ 問題を定義し表現する。 ・ 必要な情報を確認する。 ・ 問題解決の評価のための判断基準を確認する。 （判断基準の特徴，判断基準や価値の類型） ・ 問題の類型のための適切な手続きを確認する。
3. 家庭科問題解決のための実践的推論	① 実践的推論の要素のプロセスを使用する。 ・ 家庭科の実践的問題を提起する。 ・ 価値を置いた目標を設定する。 ・ 脈絡を理解する。 ・ 情報を活用する。 ・ 代替的行動方策を探す。 ・ 行動方策に関連する波及効果を確認する。 ・ 価値を置いた目標に基づいて，最善の方法や結果を決定する。 ・ 最も望ましく倫理的な結果をもたらす代替的行動を選択する。 ・ 価値を置いた目標／基準との整合性に従って，行動の結果を評価する。 ② 適切で信頼できる情報を探して体系化する。 ・ すべての関連し，影響を与える観点。例：歴史的，文化的，政治的，宗教的，社会的価値，信念など。 ・ 個人的環境的な脈絡的要因 ・ 目標と判断基準 ・ 方法，戦略 ・ 代替的行動または戦略 ・ 代替的行動や戦略の潜在的波及効果 ③ 家族や地域社会の構成員の間の合意に達する。 ・ 問題を定義する。 ・ 判断基準を選択する。 ・ 判断基準の優先順位を定める。

3.家庭科問題解決のための実践的推論	・ 概念の意味を定める。 ・ 変化を受容できる脈絡的要因を定める。 ・ 行動の潜在的波及効果を定める。 ・ 行動が他者に及ぼす潜在的影響を定める。 ・ 『何をするべきか』に関する道徳的に正当で，実現可能な行動を定める。 ④ 家庭科基準を達成するための行動／戦略／結果等を創造する。 ・ 問題を解釈したり，定義したりする代替的方法を探す。 ・ 現在の仮定（assumptions）を批判的に評価する。 ・ 新しいアイデアを創出する。 ⑤ 根拠に基づいた論争を創造し評価する。 ・ 協力する。 ・ 観点を持ち，課題に対して相互尊重的，協働的，論理的討議をする。 ・ 共感する／観点を交流する。 ・ 概念的，批判的，技術的問題を質問する。 ⑥ モニタリング／家庭科の問題に関する推論を評価する。 ・ 問題確認をモニターする。 ・ 問題解決プロセスをモニターする。 ・ 段階と手続きをモニターする。 ・ 自身の問題解決プロセスを反射熟考し記述する（メタ認知であるか）。 ・ 他者に対する行動の影響をモニターする。 ・ 家族と異なる社会的制度に関する行動の影響をモニターする。 ・ 情報の出所の信頼性を判断する。 ・ 観察報告書を判断する。 ・ 推論を判断する。 ・ 結論に関する根拠を判断する。 ・ 他者と自分が持つ概念の間の類似点と差異点を比較する。 ⑦ 判断基準を遵守して結論を下す。 ⑧ 結論を正当化する。 ⑨ 行動のための計画／技術的家庭科の問題解決 ・ 現実的な目標を樹立する。 ・ 目標をどのように教えるのか決める。 ・ 行動計画を構成する：誰が，何を，いつ，どこで，を決定する。

	<ul><li>行動の順序を定める。</li></ul>⑩ 成熟した，倫理的行動を取る。 ⑪ 行動を評価してモニターする。<ul><li>設定した価値の達成に関する行動の波及効果を評価する。</li><li>他者に関する行動の波及効果を評価する。</li><li>家族と異なる社会的制度に関する行動の波及効果を評価する。</li></ul>
4. 家庭科のための実践的推論を支援する推論プロセス	<ul><li>家庭科概念分析</li><li>家庭科情報の概念化</li><li>推論と行動の問題に対するモニターと評価</li><li>家庭科のための批判的認識プロセス</li><li>非公式的（日常的）推論…前向きの議論</li><li>家庭，家族，地域社会の争点に関する価値／道徳的推論</li><li>意思決定プロセス</li><li>新しいアイデアの創出</li></ul>

4　実践的推論プロセスにおけるわい曲された考え方に対する批判

　一般的に実践的推論の授業で最も見過ごされる要素がイデオロギー批判である。一般的に，問題の背景を理解するプロセスで取り扱い，文字どおり，この問題が発生した文化・歴史・社会・教育的事件，思想，慣習，伝統を広く考えることができるように扱わなければならない。このような背景には，何が起こったか，どのような背景が私たちにそのように考えるようにさせたかを問うことによって，問題になる考え方と信念がわい曲される。イデオロギーは，本来，一連の信念を意味するが，問題になるのはわい曲された一連の信念を批判することで，イデオロギーは否定的意味の一連の信念という意味でしばしば使われる。実際は正しくないが，その特徴が文化と歴史のなかに内在してきたので集団的に正しくないということを認識できないまま，自然に受け入れるようになった信念を意味する。これはハバーマス（1987）が指摘した『あらかじめ解釈された考え方の背景』（preinterpreted background of ideas）という概念で，認識できないが，自分たちの認識にすでに解釈されて入りこんでいる考え方であり，集団的に同じ解釈をする特徴があるので，互いに同意して合意しているといっても，その考え方は誤っ

た考え方でありうる。このような背景からハバーマス（1971）は，技術的パラダイム，コミュニケーション的パラダイム以外に解放的パラダイムが必要であると考えた。

　しかし，生徒は，何がそのようなわい曲された信念か，わからない場合が大部分である。したがって，家庭科教師は専門担当者として，私たちが扱う問題に隠されているわい曲された信念とは何かを把握することができるべきであり，生徒を指導できなければならない。わい曲された信念の事例のなかで，ボールトウィン（Baldwin, 1991）は「国家の発展のために，自分たちの地元の工場が汚染を誘発しても，個人は甘受しなければならない。なぜならば，国家があってこそ個人もあると考えるのを聞いた。あるいは産業の発展が，すなわち自分の発展であると信じることなど」を提示した。本書の第1章第1節ではあまり深く説明できなかったが，ブラウン（1993）が提示した個人，家族，社会との関係についても，全体的（Holistic），個別的（Individualistic），弁証法的（Dialectic）観点に関しても，教師として，どの観点が望ましいか考えなければならない。

04　実践的推論授業の流れ

　ボールドウィン（1991）は，実践的推論授業の流れ[16]を次のように簡略に提示している。

- 教師は，具体的事例を提示して，自分たちが直面している実践的問題を紹介する。この問題と関連して，自分たちはどのような行動をしなければならないだろうかと提起して授業を始める。
- 教師と生徒は，対話を通じて，この問題に関連する人々の考えを検討する。この時，固定観念はないかについても検討する。

16）この部分は第3部で授業の実際を具体的に提示したので，具体的内容，参照。

- 教師と生徒は，対話を通じて，この問題に関連する葛藤や，対立する考え方はないか検討する。そのような考え方は，人々をどのように行動させているかなどに関して討議する。
- これを通じて，問題の根源を探し，現在もこのような行動をする要因があるかについても検討する。
- 問題の背景となる考え方と，それに基づいて行動する時にどのような問題が起きるかを検討した後，代替案を何か考える。
- 変化を試みることができる戦略を探し，それぞれの戦略にしたがって行動する時，生じる可能性がある結果をあらかじめ考える。これを基礎に最も道徳的に正当な戦略を選択する。
- この戦略をどのように実践に移すことができるか討議し，実践のための計画をたて，プロジェクトなどを遂行する。
- 自分の実践／プロジェクトの結果を評価し，このプロセスを通じて，何を学んだか，自分の思考プロセスはどうだったか，評価する。

　次に提示した＜図 1.7＞は著者が在職する大学の「家庭科教授・学習方法」の授業で，学生が，ボールドウィン（1991）が提示した授業の流れを参考にして，実践的推論の授業を実行する時に使ったワークシートの事例である。実践的推論の授業が難しいという先入感を捨てて，学生は立派に実行しているので，初めてこの授業に接する教師も，自分の主導的学習を通じても，研修を通じて難なく実行できると考えられる。さらに，学生が，2007 改訂に続き，2009 改訂と 2015 改訂カリキュラムで強調された実践的推論能力を育てるために，教師の実践的推論授業の実行能力を備えることを先行させなければならない。

実践的問題解決のための実践的推論プロセス

START	実践的問題	道徳的判断を阻害する要因および背景	対立する考え

代替案に伴う結果予測	代替案検索	価値を置いた目標を立てること	対立する考えの要因

代替案検索と結果予測反復	最善の代案	実践計画を立てること

: ＿＿＿＿＿＿＿＿
: ＿＿＿＿＿＿＿＿
: ＿＿＿＿＿＿＿＿
: ＿＿＿＿＿＿＿＿

具体的状況
経済的困難から母親の病気を直すことができない状況

問題の脈絡と背景
母親の不治の病,薬剤師の態度,経済的困難

価値を置いた目標
母親は生きることができるだろうか。

行動の波及効果
法の処罰を受けたり良心の呵責を感じる,母親の死,経済的負担を

代替的行動と方法
薬を盗む,道徳性を守ってあきらめる,奴隷契約,大物業者に金を借りる,関連機関に助けを要請するなど

道徳性を守るだろうか?どんな目標に価値を置くだろうか。

減らすことができるが借金ができることになる.周囲の助けを受けてでき,同じ境遇の人々も助けることができるなど

最善の判断
道徳性を守りながら,社会に助けを要請,現実を知らせて,助けを受ける

行動および評価
知らせる方法を探して実行, 私の判断と行動は正しかったか。

＜図1. 7＞　実践的推論プロセスに活用できるワークシート事例

開発者：慶尚大学校・家政教育科・学部生　パク・ヒョンジュ

第2部

実践的問題中心カリキュラムに基づく
家庭科の授業設計

　第 2 部では，実践的問題中心カリキュラムに基づく家庭科授業を設計する時，核心的な要素として，授業の観点の決定，実践的問題の開発，実践的問題状況のシナリオ製作，実践的問題中心授業における問いの開発，実践的問題中心授業における評価項目の開発などを具体的に扱った。教師が実際に授業を開発し実行する過程で，訓練を必要とする部分を多様な事例をあげて具体的に説明した。

第1章
授業の観点

　カリキュラムが，開発者のカリキュラムに関する観点によって，さまざまに開発されるように，同様に授業でも教師がカリキュラムに関してどのような観点を持つかによって授業の観点が異なってくる。カリキュラム開発の観点とは，カリキュラムの目標，内容，組織に対する考え方および信念を意味しており，これはカリキュラムの実行，特に教授行動に影響を及ぼす（リュ・サンフェ，2000）ので，どのようなカリキュラムの観点を持つかによって，授業の目標，内容，授業方法，評価などが異なってくる。したがって，本章では，はじめに教師がどのようなカリキュラムの観点を持つかによって，授業設計の方法が変わることについて，批判的観点にたった授業設計の方法を中心に検討する。

　次に，教師が授業でどのようなカリキュラムの観点を持つかによって，授業の実際がどのように変化するかを検討したいと思う。ここでは教師の授業の観点が家庭科の授業でなぜ必要かに焦点をあてる。

01　カリキュラムの観点による授業設計

　国がカリキュラムを開発したり，教師が学校で年間授業計画を作成したりする時も，観点によって開発するプロセスに差が見られる。

　＜表 2.1＞に見るように，タイラー（Tyler）など，伝統的観点を持ったカリキュラム研究者の主な関心と役割は，教育現場の実践家が自分のカリキュラムを開発して展開していくプロセスと手続きに必要な情報と体系を提供する仕事である。したがって，このような観点を持った家庭科カリキュラム開発者や現場の授業設計者である教師は，家庭科が達成しようとする目標を決定

したならば，その目標は子どもたちにとって価値があるのか，なぜ価値があるのかなどの検討はしないで，単に目標を効率的に達成するための学習内容や活動を選定して組織することにだけ関心をもつ。したがって，評価や決められた目標がうまく達成されたかという手段的機能だけをしている（ホ・スク，1999）。

＜表 2. 1＞　観点によるカリキュラム開発プロセスの比較

伝統的カリキュラムの観点（タイラー・モデル）	批判的カリキュラムの観点
手続きと 4 種類の基本的問い	プロセス／段階と問いの例（What to do）
1.教育の目的や目標設定 • 学校はどのような教育目標を達成するために努力するべきか。 **2.教科や学習経験の選定** • このような目標を達成するために，どのような教育経験が提供されるか。 **3.学習経験の組織** • このような教育経験を効果的に組織する方法は何か。 **4.結果の評価** • 意図した目標が達成されたかどうかを判断する方法は何か。	**1.構造／概念化（＊/＊＊）** [16] • どのような思考類型か：技術的，コミュニケーション的／解析学的，解放的 • 目標はなにか，価値を置いた目標（valued ends）はなにか。 • 学習者，知識，社会，家政学に関する仮定はなにか。 • どのような脈絡的要素があるか。 • どのような学習の内容：知識／概念，プロセス／技術か。 • 価値／基準をどのように扱うのか。 • どのような学習活動か。 • どのようなカリキュラム・モデルか。 **2.開発** • どのようにモデルを計画するか。 **3.実行** • どのように計画を実行するか。 **4.評価** • カリキュラムの効果をどのように決定するか。

16）＊概念化とは，ものごとに対する思考と議論の方法の開発を意味する（ホ・スク，1999）。この段階では，カリキュラムの本質とモデルの決定，実施前の状況の理解，意思決定のための価値と基準，およびそういう価値または思考パターンによって実行した時の予測可能な結果を明確にするプロセスが含まれる（Laster, 1986: 23）。
＊＊このプロセスの結果，目的／目標，内容，学習活動，内容と学習活動の組織，評価を含むカリキュラム・モデル，価値および哲学的立場が概念化される（Laster, 1986: 25）。

　一方，批判的観点からカリキュラムが開発される時には，カリキュラム開発者の哲学的見解を考慮したカリキュラム・モデルを決定して，価値を置いた目標は何か，学習者，知識，社会などに関する仮定は何かなど，立場を先に決めなければならない。また，このような意思決定をするための価値と基準，およびそういう価値または思考パターンによって実行した時の予測可能な結果を明確にするプロセスを強調している。したがって，カリキュラムや授業を開発する時，さまざまな観点を持つように絶えず自己省察するプロセスが必要である。

　批判的観点の哲学を反映させた教科の性格と目標で，一貫した授業を設計するためには，異なる関心事が，狭義の主題から広義の概念に転換されなければならない。なぜなら，広義の概念は，他の多くの下位概念と包括することができる最上位概念で，その下位段階で狭い範囲の主題を探求することができ，恒久的な価値を持ち，理解のためのより大きい概念または核心的な概念であるからだ。またこのような上位概念は恒久的な関心事に深く内在しているためである（表 2.2 参照）。

　<表 2.2> を通じてわかるように，食べものは技術的な機能や調理方法を知っていること以上に，多くの概念と関連している。したがって，生徒は食べものや健康と関連した，より批判的な社会懸案を探究する時，技術的な機能を発展させることになるだろう。たとえば，生徒は批判的課題である国内および世界の飢餓問題を探究することができる。飢餓が存在する理由を調査したり，飢餓と関連した社会通念をなくしたり，社会において飢餓をなくしたりすることに参与する方法を考慮することができる。生徒は飢餓問題に直面している地域住民を訪問して，食べものを準備したり，学校で家庭科の実習時間にあらかじめ準備した食べものを提供したりすることによって支援できるだろう。すなわち，生徒は技術的な機能を訓練し，飢餓問題に関してより十分に探究して，その最終結果を利用することができる。また，きずな概念と関連させて，家族の伝統と家族生活における食べものを関連づけることができる。たとえば，生徒は彼らの家族の伝統を調査し，他の文化と比較して，自分たちが夢見る未来の家族の伝統の可能性について考慮することができる。それとともに，

広義の概念を用いることによって単純に技能的な面だけを学ぶことができる伝統的な授業とは違って，生徒は多くの多様な関連性と責任感が彼らの人生においてどのような意味を持つかを理解できるようになる。

　＜表 2.3＞は，伝統的観点による授業の設計方法と，批判的観点による授業の設計方法の間の多様な要素上の差異点に関して言及している。すなわち，授業設計者である教師がもつ哲学的背景によって，教科内容，授業目標，基本学習内容，授業での教師および生徒の役割，質問内容，授業戦略，授業での文章の作成，読み取り資料活用，授業に使う知的能力，評価方式などが変わることを示している。

＜表 2. 2＞　伝統的な授業と広義の概念を使った授業

伝統的アプローチ法	批判科学的アプローチ法
具体的なトピック：栄養	広義の概念：健康（上位概念）
台所の安全	責任感
準備過程	冒険してみること
菓子	権力
即席パン	飢餓
酵母パン	米国の飢餓
肉	世界の飢餓
牛乳と乳製品	摂食障害
野菜	きずな
果物	世代間のきずな
パイ	コミュニケーション
二切れ	伝統
一切れ	祝いごと
アメ	
ケーキ	

資料：Hauxwell & Schmidt (1999: 94).

<表 2. 3>　カリキュラムの観点による授業設計

要素	伝統的アプローチ法	批判科学的アプローチ法
教科内容	具体的なトピック（主題）	恒久的な関心事 広義の概念 家族のこと
目標	具体的で狭義の目標 行動目標	学習者の成果 家族行動体系省察
基本学習	事実的陳述	概念的陳述
教師の役割	情報提供者	仲裁者；共同調査者
学生の役割	受動的な聴取者	能動的な参加者 概念の調査者
問い	事実的	プロセスの問いを含む 実践的推論 技術的，概念的，批判的
戦略	教師統制的	生徒中心的 協働グループ
書き	教科内容の理解を示す文を書くこと	概念間を関連づけるプロセスを示す文を書くこと
読み取り	事実情報獲得のための読み取り	提示された資料および多様な観点を検討するための読み取り
知的な技術	思考の水準で分類	価値および道徳的推論 実践的推論 批判的思考 観点を持つこと
評価	基準尺度の強調 事実的問い 正しい／間違った答え	概念的理解 真の評価 実生活の問題の利用

資料：Hauxwell & Schmidt (1999: 96)

＜表 2. 4＞　教師の哲学的背景

強調する哲学	教師は……しなければならない。
人本主義（Humanism）	個人の潜在的な能力を最大化しなければならない。
基礎的技術（Basic skills）	異なることを成就するのに土台になる基礎的技術を強調しなければならない。
専門的技術／能力（Technical skills/ competencies）	特定の役割のために必要な課題を成就するために，共に構成される細分化された能力を訓練することに焦点を合わせなければならない。
社会再建主義／批判的思考／実践的推論（Social reconstructionism/Critical thinking/Practical reasoning）	学習者が肯定的な社会的結果を導き出すために，意思決定能力と高度な思考能力を啓発するように支援するべきである。

資料：Hitch & Youatt (2002: 89).

02　教師の授業の観点

　哲学は教師が何を教えるかを決める時，影響を及ぼす重要な要素であり，教師が何を教えるのかに関して下したすべての決定には教師の哲学が投影される（表2.4参照）。すなわち，教師がどのような哲学を持っているかによって何を教えるかが変わる。

　たとえば，非常に異なる哲学を持つ教師が『家族計画』に関する主題を学習者に教えると仮定してみよう。

　人本主義哲学を持つ教師は，避妊や避妊薬使用についての自分の態度や価値，避妊薬選択に影響を与える態度や価値の方式に関する学習者の感じ方に関心を持つだろう。技術的観点の哲学を持つ教師は，生徒がどのように感じるかよりも，多様な避妊法についての説明にさらに多くの時間を使うだろう。また社会再建主義の観点を持つ教師は，意思決定のプロセスと意思決定者の価値，長期的に健康におよぼす影響の可能性，ある方法が他の方法に及ぼす道徳的考慮，人口調節に対する社会的責任のような，意思決定時に考慮されなければならない要素を強調するだろう（Hitch & Youatt, 2002）。したがって，家

庭科教師は家庭科カリキュラムを開発する時や，学期計画や年間計画を立てる時，また授業を設計する時，自分の省察を経た哲学的観点を持つことが最も重要なプロセスだと考えられる。

　<表2.5>は，教師が持つ授業の観点によって，授業の目標，授業で扱う内容が明らかに変わることを示している。すなわち，電子レンジに関する授業において，技術的観点を持つ教師は，電子レンジの操作法の説明，電子レンジ料理に適切な器具，用語の説明，電子レンジ使用時に発生する可能性がある事故，電子レンジの長所や短所などに関する内容を扱う反面，認知的観点を持つ教師の場合，情報は変化して技術は一定に維持されるから，生徒たちに移転することができる思考スキルの開発を助けるように授業を設計するだろう。したがって，生徒の経験から，授業で扱う内容を引き出しながら，思考する方法を教えている。また，批判的観点を持つ教師は，生徒が価値，道徳的および倫理的判断を必要とする問題と関連して，合理的に思考するのを促進する。したがって，このような観点を持つ教師たちは，生徒には全く問題と感じられずにいるが，より綿密に検討される必要がある生活要素（ファストフード，電子レンジ用料理，家庭および家族のための新しい技術，家族の役割，責任など）を検討する。そのために，授業段階ごとに省察的問いを使用して，このような問いを通じて，同じ問題に対しても多様な観点から考えてみるようにし，誤った環境に対して社会的行動を通じて，主に変化を導くようにしている。すなわち，家庭科教師がどのような哲学を持って授業を設計するかによって，学習者の生き方を望ましく変化させることもできるし，望ましくない環境に対しても何の意識も持たないようにさせることもできる。

　したがって，家庭科を，学習者が主導的な生活を営むために必要な価値観と多様な能力を育てるのを助ける実践教科（教育人的資源部，2007a）とするとき，家庭科教師は批判的観点の授業を通じてのみ，可能である。

<表 2. 5>　カリキュラムの観点による家庭科の授業の実際

伝統的カリキュラムの観点		批判科学的カリキュラムの観点
技術的観点 （能力形成中心アプローチ法）	認知的観点 （概念中心アプローチ法）	批判的観点 （実践的問題中心アプローチ法）
目標： ● 電子レンジの操作法を説明できる。 ● 電子レンジ調理に適切な調理器具を確認できる。 ● 電子レンジ使用に関する用語を定義できる。 ● 電子レンジを使う時に起きる事故の原因を説明できる。 ● 電子レンジ調理の長所と短所を確認できる。	目標： ● 情報は変化して技術は一定に維持されるから、生徒に移転できる思考技術を開発するのを助けるところにある。	目標： ● 私たちは当然のように受け入れているが、より綿密に検討する必要がある生活要素（ファストフード，電子レンジ用料理，家庭・家族のための新技術，家族の役割，責任など）を検討することにある。 ● 解決の一部門として価値判断を必要とする家族課題や問題を探究するようにする。
教授活動： 1.**導入**：電子レンジの使用に関する生徒たちの経験の確認 2.**試演**：電子レンジ調理に必要な基本技術を見せるレシピの選択→操作法，調理器具などの内容を含む 3.**試食**：試演し，準備された料理を味わった後，生徒たちは電子レンジ調理の長所と短所を確認 4.**仕上げ**：導入で確認された生徒の経験を他の学生と共有，このよう	教授活動： （Taba の帰納的思考モデル） **段階 1**：生徒の電子レンジ使用経験→電子レンジ使用法を記述。 生徒の反応例： ①ピザを温めた。 ②朝食のためにマフィンを解凍し温めた。 ③電子レンジ用ミルクセーキを作った。 ④オレンジジュースを解凍した。 ⑤夕食のために食べものを温めた。 ⑥朝食用インスタント・オ	教授活動： 1.電子レンジが家族を助けるすべての方式を列挙含まれる反応： ● 共稼ぎ家族の食事準備を簡単にする。 ● 急に，安全に食品を解凍できる。 – 子どもが料理するとき – 忙しい家族が温かい食事をしようとする彼らの選択を容易にする。 2.個人の 1 食分の食事を温めることに焦点を合わせて，より綿密に検討質問内容： ● 電子レンジの使用は個

| な事象が起きた理由説明，クラスの友人と検討 | ートミールを作った。
⑦電子レンジ用ピザを作った。
⑧チキン料理を作った。
⑨夕食用に肉詰めピーマン料理を作った。
⑩ケーキを作るためにバターを溶かした。
⑪ソーセージ・サンドイッチを準備した。
⑫ソフトボール練習後，夕食を温めた。
⑬冷凍チキンを解凍した。
段階2：グルーピングする
コース質問例：
• それらを分類する根拠は何か。
• このような使用法にはどのような共通点があるか。
• このような使用法のうち，どれが複数のグループに属するか，説明しなさい。
段階3：ラベリング
コース質問例：
• このようなグループにはどのようなラベルがつけられるか。
• なぜ，そのラベルが適切なのか。
• それらがどのように似ているか，説明しなさい。
分類とラベル例：
• 食べものの温め
　①　②　⑤　⑫
• 食べものの解凍
　②　④　⑦　⑬ | 人的欲求を充足させるには充分だが，家族の欲求にはどうだろうか。
• 電子レンジ使用は便利な反面，家族をあきらめさせたり犠牲にしたりすることはないか。
3.生徒に，家族があきらめているものなどに対して反応するようにさせること。
生徒の反応：
• 食べものの共有
• その日のできごとや感情の共有
• 時間の共有
• コミュニケーション技術
• お金や質のよい栄養
4.生徒が多様な観点から，『個食対家族食事』を1つの問題として認識するのを助ける質問をすること
• 『このような傾向を1つの問題と見る人は誰か』，『そのように見ない人は誰か』
• 多様な観点には親，10代，栄養学者，電子レンジ用食品マーケティング担当職員の観点などが含まれる。
5.生徒が個別の食事準備のための電子レンジ使用に関して省察するのを助けるために質問すること
• 社会や食品店における |

	• インスタント食品の準備 　③ ⑥ ⑦ ⑧ ⑪ **段階4・5**：特徴の確認とその項目の説明 コース質問例： **段階6**：一般化 **段階7**：結果の予測 **段階8・9**：予測の説明，支持，立証	どのようなことが，個別食事準備傾向を増加させると見るのか。 • 『家族の共食より個食がさらに多くなっている』という事実から利益を得る人は誰か。 • 家族が利益を得る方法ではないのに，なぜ独身用電子レンジ料理に対する需要が多いと考えるのか。 6.仕上げ：省察的問い • 電子レンジの技術は家族に肯定的にだけでなく否定的にも影響を及ぼすと認識するならば，家族に対して否定的な影響を減らすために家族構成員として皆さんは何ができるか。 • このような技術が家族に及ぼす否定的な影響を減らすために消費者として皆さんは何ができるか。

資料：Kowalczyk, Neels, & Sholl (1990)の論文。引用者が表作成.

03　実践的問題中心授業と能力形成中心授業の事例[17]

　この授業は，実生活で直面する人間の問題に焦点を合わせて，生徒が生きていく現実世界の問題解決に必要な力量を育てることができるカリキュラムで，実践的問題中心カリキュラムに基づいた食生活教育の授業を開発して適用し

17）この授業はソウル大学修士学位論文の一部である（キム・ジウォン，2007）。

た後，実践的問題中心授業[18] と，能力形成中心授業[19] との比較を通じて，中学校段階の生徒に効果的な食生活教育法を調べてみようと考えた研究の一環として実践した授業事例である。

1　実践的問題中心授業―教授・学習プロセス案および学習資料例（1 時間[20]）

1)　実践的問題および教授・学習活動例

実践的問題 1：朝食を摂るために私たちは何をするべきか。		
段階	教授・学習プロセス	備考
導入	• 授業環境の点検および準備 • 展示内容確認および注意補足 • 学習目標の案内 　– 朝食を摂らなければならない理由を 2 種類以上提示できる。 　– 朝食を摂ることができない原因を把握でき，これを克服するために自分ができる実践方案を提示できる。 　– 実践的問題の解決プロセスを理解・適用できる。	学習目標に合わせて ppt #1 ppt #2 ppt #3 （学習目標）

---

18) 実践的問題中心カリキュラムに基づいて，自分と家族が直面する実践的問題に関連して，家族が道徳的に妥当な判断ができるように支援するために Laster（1982）が開発した実践的行動の教授モデルを適用した家庭科の授業。
19) 能力形成中心カリキュラムに基づいて，家庭科および職業人として必要な技術と知識を開発するための家庭科の授業。チョン・サンジン（2007）が 2006 年度ブチョン市オジョン区保健所の健康増進事業の一環として開発した能力形成中心の教授・学習プロセス案を，本研究者が開発した実践問題中心の授業の教授・学習プロセス案と比較するために再構成して用いた。
20) 1 時間か，2 時間，授業をしてもよい。

展開 – 問題 　認識 – 実践的 　推論 – 行動	• 朝食の重要性および朝食欠食の障害要因を認識する。 • 問題解決プロセスを説明する。 • 学習参考資料 2 を活用して，問題解決プロセスを段階別に理解する。 • 問題究明：学習参考資料 1 のいずれかを選択して，ワークシート 1 について，サブ実践的問題を決定する（グループ別）。 • ワークシート 1 の 2，3，4，5 番をする。 • グループ別討議結果発表（ワークシート 2 に障害の状況と解決策を記録）。 • 自身に該当する障害要因を克服する。	ppt #4-#6 ppt #7（実践問題解決プロセス） 学習参考資料 1（実践問題シナリオ） 学習参考資料 2（事例の例示） ワークシート 1 ワークシート 2
整理と 評価	• 朝食の重要性の確認 • 実践的問題の解決プロセスの確認 • 評価書作成および課題提示	ppt #6 ppt #7 課題：ワークシート 2

2)　ワークシート例

ワークシート 1	1 学年　（　　）班　グループ名：

※選んだ事例（学習参考資料 1）を空欄に記入した後，次の質問についてグループ別に意見を交流してみよう。

1.問題認識
• 解決しなければならない問題は何ですか。
• 問題を解決するのに障害になる要因は何ですか。

2.情報探索
• 障害要因を解決するために，どのような情報が必要でしょうか。必要な情報を得るためにどこを探さなければならないでしょうか。
• 探した情報は障害要因の解決に適切ですか。

3.代替案評価
- これらの情報を使って，問題を解決するためにどのような方法が可能ですか。
- 各方法を選択する時，自分，友人，家族，社会にどのような影響を及ぼすでしょうか。

	自分	友人	家族	社会
1				
2				
3				

4.行動選択
- そのうち，最善の方法とその基準は何ですか。
- 選択した行動の実行順序と日にちを決めましょう。

5.結果評価
- 実行の結果が出て，他者に最善でしたか。それなら，あるいはそうでないならば，その理由は何ですか。
- 私が母親の場合にも同じ決定をしたでしょうか。
- この問題解決プロセスから，何を学びましたか。

3)　実践的問題のシナリオ例

学習参考資料1	朝食欠食状況事例
朝	最近インターネット・ゲームで新しいギルド長になったユンホは昨日ギルド戦があって，その広報とゲーム参加のために深夜12時をはるかに越えて寝床についた。きわどく勝ったためなのか,興奮が収まらずにしばらくあちこちかき回してやっと熟睡した時に，お母さんに肩を揺さぶられた。「ユンホ，ご飯食べて学校行く時間よ。」「いやだ。もう10分寝かせて。」 　閉まりかけた校門にぎりぎりで走って入ったユンホは，2時間目が終わるとお腹がすいたので,売店でチョコマフィンを買って食べた。甘くて脂っこい味が口のなかに残ったので,肝心の昼休みの給食は半分以上残してしまった。そして，清掃の時間にはまたお腹がすいて元気がなくなって，友だちにイライラして,売店に向かった。

を	ジェジュンの両親はパン屋をしている。両親は夜明けに忘れずに朝食を準備してから出勤するが，ジェジュンが起きる頃には作ってあったすべての食べものは冷たくなっている。ジェジュンと弟は両親に感謝の気持ちして食べなければいけないと思って，おいしくない食事をあちこち食べ散らかして学校に行った。1 時間目は国語だった。先生の本を読む声が次第に遠くなる感じがして，突然頭が『ドン』と鳴った。額をぶつけたのだ。 　「ジェジュン，起きなさい。本をもって後に立っていなさい。1 時間目からうとうとするだけではなくて，頭を机にぶつけて，他の友だちの授業まで邪魔するなんて…」。
食	ユチョンはすべての運動がとても上手だというので，小学校の時から体育の時間には示範を担当した。小学校が家のすぐ後にあったのとは違って，徒歩 30 分の距離にある中学校まで，入学の時から走って登校した。朝食をすれば胃がもたれたように感じられるうえに，走って登校をした後は，お腹が痛くなるので，中学校に入ってから朝食をとっていなかった。そのためか，午後の体育授業とは違って，午前の体育授業ではなぜか元気がなくてフラフラして度々失敗をし，いつの間にか先生も他の友だちに示範をしなさいと頼み始めた。ユチョンは午前の体育授業がある日は学校に行くのが嫌いになった。
べ	ジュンスは秋だからなのか，目にするものは何でも食べたかった。食欲が増え，体重も増えたので，ダイエットをすることに決めた。複雑なダイエット方法は大変なので，最も簡単に，食べなければ体重が減るからと，一食を抜くことにした。お昼は学校で食べ，夕方は塾に行く前に友だちと一緒に食べるので抜くのは難しかった。食べなければ友だちにダイエット中だと言わなければならないし，それでからかわれることもあった。そこで，1 人で食べる朝食を抜いた。初めはお腹がすいたが我慢した。しかし，3 時間目を過ぎると何倍もお腹がすいて空腹と闘った。昼休みまで空腹に耐えて，やっと給食を見た瞬間，気が遠くなって，我を忘れて食べた。普段食べる量にはとうてい充分でなくてもう一杯もらったが，お腹がいっぱいなのに何か足りないという感じがなかなか脳裏から消えなかった。

る	チャンミンは周囲の中学生・高校生や大人たちが忙しくて，朝食を抜くのを見て育った。それで，朝食を食べる時間がなく忙しいのは大人っぽいことだと考え，中学生になってから朝食を食べなくなった。朝食以外でも，中学生になったチャンミンが失ったものがあった。皆に親切でたくましい性格のチャンミンは，小学校の時まで学級全体が友だちだった。中学校になって，なぜかイライラが増えて忍耐力が不足し，周りの人々とぶつかることが多くなり，中学校では新しい友だちとつきあうことができないでいる。

4)　『問題を認識すること』ppt 資料例

授業時間　　　　　　　体育時間　　　　　　　給食時間

ppt#4　　　　　　　　ppt#4　　　　　　　　ppt#4

2　能力形成中心の授業―教授・学習プロセス案と学習資料例（1 時間）

1)　学習主題
　朝食の必要性，朝食摂取のための障害となる要因の克服

2)　準備物

・Power Point 資料	・事前インタビュー動画
・イラスト（比較漫画）	・ヨガ，ストレッチ運動の写真
・芸能人の動画キャプチャー	・S 大学生の動画キャプチャー
・活動 1，2：各組に用紙 1 枚ずつ，各組に色鉛筆 1 セットずつ	・リーフレット

3) 所要時間（総30分）

学習活動	所要時間（分）
導入：挨拶，学習目標提示	1
動機誘発：朝食に対する生徒たちの考え	5
展開Ⅰ：朝食欠食要因	3
展開Ⅱ：朝食の重要性	10
展開Ⅲ：朝食欠食要因克服方法	11
要約および整理：要約，整理	1

4) 学習目標

- 朝食を食べなければならない理由が分かる。
- 朝食を食べることができない原因を探し，解決策が分かる。

5) 教授・学習活動例

概要	スライド	時間（分）	参考事項	発表内容 教師	生徒
導入	1	1	グループ構成	1.挨拶：自己紹介 2.簡略な授業内容紹介：なぜ生徒たちは朝食を食べないのでしょうか。この時間を通じて朝食を摂らない理由について調べ，朝食がなぜ重要か，それとともに朝食を摂らない要因を調べます。	
動機誘発	2	4	活動1	1.朝食について考えを浮かび上がらせる。	グループ別ブレインストーミング

展開 I	3	3	動画イン タビュー 1	1.事前インタビュー動画鑑賞：朝食を 食べない理由 2.生徒に質問：なぜ朝食を食べなかっ たのですか。	生徒た ちが答 える：
	4	1	朝食を食 べない理 由	3.生徒の理由整理：食欲がない，朝遅 く起きて時間がない，またダイエッ トのために，食べないのが習慣だ と，むしろ食べればお腹の具合が悪 くなる，など。	
展開 II	5			1.朝食をしない生徒のイラスト：朝食 を食べない生徒が生活で体験する 日常的な事例	
	6	2	授業時間 のイラス ト	• 授業時間：朝食を食べておらず， 集中できずに，うとうとしている 姿です。	
	7		体育時間 のイラス ト	• 体育時間：やはり元気がなくて耐 えられないと感じているでしょ うか。	
	8	2	休み時間 のイラス ト	• 休み時間：朝御飯を食べておら ず，お腹がすいて，休み時間にと てもたくさん買って食べること になるでしょうか。このように買 って食べると，昼休みに食欲がな くなる可能性があります。	
	9		給食時間 のイラス ト	• 給食時間	
	10	2	動画イン タビュー 2	2.朝食を食べるか食べないかにとも なう違い，動画鑑賞	返事を 誘導

				3.比較，要約，整理	
展開 II	11	1	比較要約整理画面	食べる生徒	食べない生徒
				活気に満ちた一日の開始!!	疲れる一日の連続！
				集中力が高くなる!!	集中できない〜
				健康に良い!!	健康状態が良くない。
				成功する人々の習慣	暴食しやすい〜
	12	2	脳の画面朝食の画面	なぜこういう違いが生じるのでしょうか。	
	13			4.朝食に関連する科学的知識の提供 （1）脳のエネルギー源…ブドウ糖 　• 脳の画面 　• 朝食の画面	
	14	2	動画	• ブドウ糖の脳での作用	
	15	2	動画	（2）朝食と肥満との関係	
	16		悪循環イラスト	• 朝食と肥満との関係をより具体的に日常生活と関連づけて表現したもの	
	17	1	朝食の重要性の概要	5.朝食の重要性：選択した栄養摂取と，学習能力の向上，適切な成長発育，適正体重維持	
	18				
展開 III	19	4	活動2	6.朝食を食べることができるようにする方法：生徒が考える方法	グループ別ブレインストーミング
	20	2	有名人の動画1	（1）時間が足りない場合	
	21		有名人の動画2	ペ・スルギの映像（を見た後）：ご飯と汁ものなどで朝食をしたりしますが，時間が足りない時は，シリアル，パン，果物などさまざまな方法で朝食を食べています。	

	22	2	動画	• 某名門大学の寮の 97%の生徒が朝食を食べるといいますね。	
	23	2		(2) 朝の食欲を改善する方法の提示：簡単なストレッチ	ま ね る こと
	24		ストレッチ運動の画面	• ストレッチ運動の写真：簡単な動作を示範	
	25		画面	• 水を飲む場面	
	26		画面	• 夜食やめ!!場面	
展開 III	27	2		• 朝食の多様な方法の提示	
	28		基本食卓	• 基本的にご飯と汁ものがある献立	
	29		変形 1	• 食パンとスクランブルを利用した献立：食パン+スクランブル+サラダ+ミカン+ヨーグルト	
	30		変形 2	• おかゆ+サラダ+キムチ+ミカン+牛乳	
	31		変形 3	• もち+ゆで卵+サラダ+バナナ+豆乳	
	32	1	リーフレットサンプル 1	7.リーフレット紹介：自分で確認できるリーフレット • リーフレット利用方法 1	
	33		リーフレットサンプル 2	• リーフレット利用方法 2	
要約整理	34	1		• 整理：朝食欠食の多くの理由，朝食の重要性，朝食を食べるための障害要因を克服する方法 • 次回予告：食事構成案を通じてバランスよく食事する方法	

第2章
実践的問題の開発

　実践的問題中心カリキュラムに基づく授業で，授業の観点を定めた後に考えなければならないことは，「実践的問題をどのように開発するか」である。そのためにはカリキュラム文書から，家庭と家族の恒久的で実践的な問題を中心に構成されなければならない（Laster, 2008）。しかし，現在のカリキュラムは背景学問である家政学の概念および知識，理論の教育内容で構成されているので（ユ・テミョン, 2006），教師は，カリキュラムを実践的問題中心に再構成するプロセスを理解する必要がある。したがって，本章では2007改訂カリキュラムと解説書を中心に，カリキュラムを実践的問題中心に再構成する方法を先に紹介した後，教師が授業で具体的にどのように実践的問題を開発するかを説明したい。

01　カリキュラムに基づいた実践的問題の再構成

　学問中心カリキュラムで開発された家庭科カリキュラムとカリキュラム解説書の内容を中心に実践的問題中心カリキュラムを再構成するには，まずその範囲を設定しなければならない。したがって，本教材では＜図2.1＞のように，実践的問題中心カリキュラムを実行するにあたって，急進的なカリキュラムの革新ではなく，漸進的に教育現場で実践することができるようにレベルとフェーズ（phase）を提示した米国オレゴン州カリキュラム・モデル（Oregon Department of Education, 1996a）に基づいて，カリキュラム再構成のレベルを＜図 2.1＞のレベルⅡに対応する観点から再構成する方法を説明する。

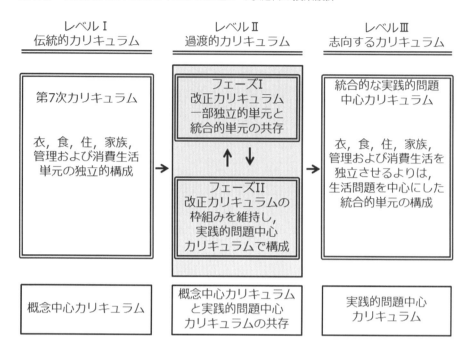

<図 2. 1>　新しいカリキュラムの観点への変換プロセス

1　カリキュラム再構成事例 1：オレゴン州の変換方式の借用

　本章では<表 2.6>のようにオレゴン州の変換プロセスを基礎に，恒久的問題とこれと関連している実践的問題を抽出したオ・ギョンソン（2010）の論文を中心にカリキュラム再構成の方法を説明する。<表 2.6>の変換方法は伝統的カリキュラムによって主題を中心に提示する方式で「（主題）に対して私たちは何をするべきか」という形式の実践的問題カリキュラムの内容の構成方法によって変換する方法である。

<表 2. 6>　オレゴン州の実践的問題中心変換方法例

伝統的カリキュラム（レベル I ）	過渡期的カリキュラム （レベルⅡ，フェーズ 2 ）
主題（Topic）アプローチ方式 • 自分，家族，友人に対する理解 • 子どもの世話 • 衣服管理と裁縫の基礎 • 栄養のあるおやつの計画および準備 • 個人生活空間 • 人的資源管理 • 進路	実践的問題中心の単元開発 • （主題）に関して私たちは何をしなければならないか。 例）家族と友人との関係に関して私たちは何をしなければならないか。

資料 : Oregon Department of Education (1996a: 24-25).

<表 2.7>　2007 改訂カリキュラム恒久的問題と実践的問題の抽出例[21]

2007 改訂家庭科カリキュラム	実践的問題中心 カリキュラム
大単元：青少年の理解 • 大単元の目標：青少年の発達特性を理解して，肯定的アイデンティティを形成して，健全な性の価値観を確立し，時間，余暇，ストレスのような青少年が直面する課題を自律的に解決する。 　→主題：青少年の発達	恒久的な問題： 青少年の発達を促進させるために私たちは何をしなければならないか。
• 中単元目標：思春期の身体的，情緒的，社会的発達の特性を理解し，肯定的アイデンティティを形成する。 • 学習内容：青少年期の身体的，認知的，社会情緒的発達特性，肯定的アイデンティティを形成して（未形成の問題を認識），社会が期待する望ましい青少年像の理解。 　→主題：肯定的アイデンティティの形成	実践的生活問題： 肯定的アイデンティティを形成するために私たちは何をしなければならないか。

資料 : オ・ギョンソン（2010: 18）再構成.

---

21) オ・ギョンソン（2010）は<表 2.7>の方式で 2007 改訂家庭科カリキュラムとカリキュラム解説書の内容から合計 6 つの恒久的な問題と，28 個の関連する実践的な生活問題を抽出した。

　<表 2.6＞で提示した『オレゴン州のカリキュラム変換方法』を用いて，恒久的な問題と，これと関連する実践的問題を 2007 改訂家庭科カリキュラムと解説書の内容を土台に抽出することができる。最初に，恒久的な問題は最も一般的な関心事項であるから各学年の大単元[22] 目標を通じて扱いたい主題を把握した後，それを実践的問題の形式に変換する。次に，恒久的な問題に関連した実践的問題は大単元に関連する中単元目標と学習内容を土台に主題を把握した後，実践的問題の形式に変換することができる（表 2.7 参照）。

2　カリキュラムの新しい構成事例 2：家政学の下位領域の統合

　学問中心のカリキュラムでは背景学問の構造から，概念および知識，理論という教育内容の構造を構成するので各領域を分離することになる。実践的問題中心カリキュラムでは，問題を扱うのに必要な場合，領域を統合的に扱うことが望ましい。なぜなら大部分の生活の問題は家政学固有の 1 つの領域だけで起きないし，その解決もいろいろな領域の知識に基づかなければならない場合が大部分であるためである。たとえば，青少年の自我尊重感は家族単元において，青少年の発達の特徴と関連する理論を学習することに限らず，食生活の健康，食事，栄養，肥満，衣生活の流れを通した自己表現，自我イメージ，家族関係と同年齢集団との関係を通したアイデンティティ形成，大衆文化，消費生活などの多様な家政学の領域に関連しているためである。したがって，実践的問題中心カリキュラムでは家庭科の授業で学ぶことと，各自の生活の実際が緊密に関連していて，学習効果が非常に高いし，自発的な動機の付与が可能である。

　2007 改訂カリキュラムで，一部の大単元は，従来の家政学という親学問の構造から脱皮して，衣，食，住を統合した点で発展的であると評価された。しかし，本来実践的問題中心カリキュラム・アプローチ法によって開発され提案された原案である。結果的に，大単元レベルで衣，食，住の統合という形にな

22）韓国では大単元の下に 2, 3 の中単元があり，その下にまた 2, 3 の小単元がある。日本の場合は単元の下に 4, 5 の小単元がある。

＜表 2. 8＞　2007 改訂カリキュラムの一部の大単元の内容構造

区分	食	衣	住	家族	資源
青少年の生活	青少年の栄養と食事	身なりと自己表現			青少年の消費生活
家族の生活	献立と食品選択	衣服の選択と管理	住居と居住環境		
家庭生活の実際	食事準備と礼儀	服作りとリフォーム	住居空間活用		

資料：ユ・テミョン，イ・スヒ（2008: 81）．

　って，実践的問題中心アプローチ法が部分的に取り入れられた。このような状況で，カリキュラムに提示された内容体系表だけを見ると，ややもすれば実践的問題中心カリキュラムの本質について誤解を招く可能性がある。なぜなら，大単元名は統合的でも，中単元を調べると，従来の衣，食，住の単元を再配列するにとどまった。これは学年別の内容を見ればよくわかる。学年別内容が教科書に執筆され，これを土台に具体的に実践される家庭科の授業を予想する時，以前のカリキュラムより大きく発展するのか，疑問を感じる。統合的に大単元が構成された例として，大単元『青少年の生活』，『家族の生活』，『家庭生活の実際』の単元を挙げることができるとはいえ，学年別の内容は以前のカリキュラムの枠組みを抜け出せずにいる。2007 改訂カリキュラムの学年別内容＜表 2.8＞のような内容構造に整理することができる。

　この＜表 2.8＞で，第 7 次カリキュラムは食，衣，住の内容が構成された反面，今回の 2007 改訂カリキュラムでは青少年の生活，家族の生活，家族生活の実際を中心として横列で構成された姿が示されている。しかし，先に指摘したとおり，教育内容体系とこれに準じて開発された教科書を見ると，実際の単位授業での内容には，第 7 次と 2007 改訂カリキュラムとの差は実際にはあまりない。したがって，2007 改訂カリキュラムの教育内容をそのまま維持しながら，実践的問題中心カリキュラムに変換して＜青少年の生活＞単元と関係する実践的問題の例を提案すると，次のとおりである（ユ・テミョン ＆ イ・スヒ，2008）。

- 青少年が自律的に生活するために，食・衣・消費生活に関して何をするべきか。
- 青少年が自尊感情を高めるために，食・衣・消費生活に関して何をするべきか。
- 青少年が健康に生活するために，食・衣・消費生活に関して何をするべきか。

　このような実践的問題を例示すれば，生徒は食・衣・消費生活に限定しないで，住生活，進路，家族生活など家庭生活全般において，自律的に生活するためあるいは自尊感情を高めるために，または健康な生活を営むために，青少年自身の生活を見通す見識を育てることができるようになる。また，衣，食，消費生活というとき，内容をとても狭く制限しなくても良いだろう。教科書執筆陣は，青少年が自律的に，自尊感情を高められるように，健康に生活することができるように，教育内容の構成を多様に提案するだろう。「何をするべきか」は，「どのような行動をするべきか」，「何を行うべきか」等と同じ意味であり，多様な表現で問題を変換することができる。また，問題に変換する場合，生徒は自分をその行動の主体として認識しやすいが，学問内容領域で衣・食・住を学習する時は，客観的な知識と理論から検討するにとどまり，自分自身との関連性を認識することは容易ではない。

02　生徒の個人，家族，家庭生活の実態の診断を基礎にした実践的問題の再構成

　生徒の個人，家族，家庭生活の実態の診断を通じて，実践的問題を抽出することができる（表 2.9 参照）。実態調査の結果，生徒は家庭科の授業を通じて，自分の実際的な問題を自ら解決する能力を育くむことを望んでいたし，いろいろな研究（ク・ポニョン，キム・ピョンソク，イム・ウンミ，1996；ク・ポニョン，イ・ミョンジョン，チョ・ウンギョン，1994；キム・シジョン，1996；ペ・ヨンミ，1998a，1998b）でも，学校教育を通じて，肯定的な自

我概念の形成など，自己管理能力を育てることができる教育の必要性が示唆されている。また，生徒のコミュニケーション能力および家族・家庭の問題を解決する能力を育てる教育，すなわち，合理的判断，立派な意思決定，成功的なコミュニケーションと妥協，葛藤状況と問題解決，責任および協働などに関する訓練，批判的で創造的な思考スキル形成などの教育の必要性を示唆している。その他，健康で幸福な家庭を形成するために，家族・家庭の問題を解決する能力，危機管理能力，賢明な親になるための親準備教育の必要性が明らかになった。

　このような実態から，生徒が現在直面している問題および将来直面するであろう問題を抽出することができる＜表 2.9 参照＞。また，このような問題を，具体的シナリオを作って，授業に取り入れることもできる。この部分については，次の章で詳しく説明したい。

＜表 2.9＞　学習者の実際的な問題と米国家庭科の教育内容

解決したい実際的問題領域	本研究の内容（%）（N=108, 複数回答）	オハイオ州中学校家庭科教育内容	オレゴン州中学校家庭科教育内容
個人の問題	● 人間関係（86.9）：交友関係，異性関係，対人関係および適応 ● 学業，進学，将来問題（100） ● 自信不足，自身の性格および行動問題（97.2） ● 容貌・身長・体重（69.4） ● 喫煙・薬物中毒・酒・自殺（23.1） ● その他（1.9）	● 同僚関係：友情，同僚の圧力，デート ● 職業：自己評価，職業を探すことと職業選択 ● 自我形成：自尊感情，価値，態度，目標，情緒，自分調節 ● 個人的容貌：個人的イメージなど ● 健康な生活様式：体重調節，無秩序な食習慣，薬物乱用，自殺など	● 対人関係：肯定的関係，友情，他の人の独特性を認めること，同僚の圧力 ● 進路選択 ● 自尊感情強化 ● 各自の独特性確認

家族・家庭問題	• 経済的問題（82.4） • 父親問題（9.3） • 家庭の葛藤問題（38.9） • 家族の対話時間の不足（18.5） • 親との関係・コミュニケーション問題（40.7） • 親の養育態度問題（10.2） • きょうだい問題（39.8） • その他（10.2）	• 経済的資源：収入獲得 • コミュニケーション：コミュニケーション技術，アサーション訓練，葛藤管理など • 家族関係 • 家族の本質 • 家族の役割と機能 • 健康な家族 • 親子関係 • きょうだい関係 • 家族危機とストレス • 家族暴力など	• 家族構成員間の健全なコミュニケーション • 肯定的なやり方で葛藤を扱うこと • 子どもケアにおける親と兄弟の影響 • 養育 • 子どもとケアラーの権威 • 家族危機への対処 • 人種的・民族的・文化的多様性の受容
日常生活問題 (衣・食・住および経済生活)	• 消費生活問題（54.6）：過度の消費，節約問題，衝動買い，合理的消費，外国製選好など • エネルギー／資源管理問題（8.3） • 経済問題（13.0）：物価安定，教育費など • 自分と家族の健康問題（38.9） • 食生活改善（0.9） • 住居問題（3.7） • 住居環境（3.7） • その他（1.9）	• 個人および経済的資源：資源使用，時間管理，消費様式，家計など • 健康な生活様式：福祉と健康，食品選択，栄養，ストレスなど • 生活環境：住居空間，個人生活空間など	• 消費者責任：食品選択に影響を及ぼすメディアの力，安全な食品の供給，資源の責任ある使用 • 家族関係における仕事の必要性 • 時間と金銭の優先順位をつけること • 仕事と家族生活のバランス：思春期栄養状態の向上，食品消費と関連した社会的価値，活動する家族の食事準備

環境 および 社会問題	• 校内暴力・性暴力および性問題（36.1） • 環境問題（56.5）：リサイクル, 分別回収, 騒音, 廃水など • 福祉（12.0）：女性および青少年福祉 • 青少年非行（6.5） • 人間尊重および道徳性問題（5.6） • その他（10.2）：教育環境, 貧富の格差	• 性：性に関する意思決定, 10 代の妊娠 • 生活環境：世界環境に対する関心 • 自我形成：価値と態度 • 生活環境：一緒に住んでいる責任	• 見守る地域社会作り：地域住民間の葛藤, 経済的恵みが必要な人の欲求充足, 思春期の所属欲求 • 教育と仕事の役割認識：家族責任としての仕事の要求, 経済的福祉のための教育の重要性, 家族福祉のための教育 • 地域社会における個人と家族間の関係意識向上：社会的責任, 家族福祉に関連する問題, 地域社会構築

資料：イ・スヒ（1999: 159）再構成.

03　米国の実践的問題中心カリキュラムの示唆

　オハイオ州, オレゴン州, メリーランド州, ウィスコンシン州など, 米国の先進的な州における実践的問題中心カリキュラムの実際から示唆を得ることができる（表 2.9〜2.11 参照）。その理由は, このような州は青少年の発達課題, 中学生が直面する問題や関心事に焦点を合わせて, 教育内容を選定しているためである（イ・スヒ, 1999）。具体的事例は次のとおりである。

　まず, ＜表 2.9＞のオハイオ州の事例は, 技術的行動体系重視型実践的問題中心カリキュラムの例で, 現在韓国のカリキュラムで授業をする場合, 最も簡単に活用することができる。たとえば, 2007 改訂カリキュラムの第 7 学年『青少年の理解』単元では『青少年期の身体的, 情緒的, 社会的発達特性を理解し, 肯定的なアイデンティティを形成する』になっている。これを解説すると, 『青少年の理解』単元の下位単元『青少年の身体的発達, 情緒的発達, 社

会的発達』などにおいて目標を置いた価値や指向は, アイデンティティ形成に置かなければならないという意味である。したがって, オハイオ州の青少年の関心事の『自我形成』から『アイデンティティと関連して, 私は何をするべきか』という実践的問題を作っていることから, 韓国の『青少年の理解』単元において示唆を得ることができる。この実践的問題を扱う場合, 下位概念である自尊感情, 価値, 態度, 目標, 情緒, 自己コントロールなどの内容を扱うことになる。

　次に, ＜表 2.10＞はコミュニケーション的行動体系重視型実践的問題中心カリキュラムの例で, 韓国の 2007 改訂カリキュラムの第 10 学年『技術・家庭』科目や第 11-12 学年の『家庭科学』における『子どもの発達と親になること』の教育内容を学習する場合, メリーランド州の『子どもの発達と親になること』領域から示唆を得ることができる。すなわち, 2007 改訂カリキュラムの第 10 学年『将来の家族生活』単元で扱う内容と目標は『（イ）親になることの意味と役割を悟り, 妊娠と出産のために慎重な意思決定をする』であり, 第 11-12 学年『家族をケアすることと家族福祉』単元では『（ア）子どもの発達段階によって変化する親の役割に必要な能力を育て, 個人, 家族, 社会の側面から児童福祉サービスを探して活用することによって子どもの養育の質を向上させる』である。したがって, ２単元とも, メリーランド州カリキュラムの『子どもの発達と親になること』領域における『子どもの最善の発達と関連して何をするべきか』という恒久的本質を持つ実践的問題を韓国の単元で扱う時, 示唆を得ることができるということである。

　第 3 に, ＜表 2.11＞は解放的行動体系重視型の実践的問題中心カリキュラムで, 韓国カリキュラムの第 7-10 学年の技術・家庭科および第 11-12 学年の家庭科の食生活単元で, 社会における家族の食べものに関して, 私たちの家族・社会は何をしなければならないかについて, 学期または年間の実践的推論段階を適用しようとするとき, 示唆を得ることができる。

　第 4 に, ＜表 2.9＞のオレゴン州のカリキュラムは, 家庭科の下位領域の間はもちろん, 教科間統合型の実践的問題中心カリキュラムで, 『カリキュラム再構成事例 2』を試みようとするとき, 役に立つだろう。

<表 2. 10>　コミュニケーション的行動重視型実践的問題中心カリキュラム例 (メリーランド州)：『子どもの発達と親になること』領域

恒久的問題	子どもの最善の発達と関連して何をするべきか。
実践的問題 I	親になることに対する意思決定に関して何をするべきか。 A. 自我形成に関して何をするべきか。 B. 親としての自分に関して何をするべきか。 C. 社会と親の役割に関して何をするべきか。
実践的問題 II	子どもの最善の発達と成長に関して何をするべきか。 A. 家族に対する子どもの影響，子どもに対する家族の影響に関して，何をするべきか。 B. 子どもの幸福に関して何をするべきか。
実践的問題 III	子どもの発達と親としての実践に対する社会的・政治的・文化的期待に関して何をするべきか。 A. 社会的期待に関して何をするべきか。 B. 地域資源に関して何をするべきか。

<表 2. 11>　解放的行動重視型実践的問題中心カリキュラム例：ウィスコンシン州『家族，食品，および社会』コース

恒久的な関心	• 家族のための食品に関して，個人，家族，社会は何をしなければならないか。
モジュール A 推論段階	• 恒久的な家族問題を究明すること • 下位関心：人々は食品，食品の意味，食品を獲得し，利用する方法について，なぜ関心を持つべきか。
モジュール B 推論段階	• 恒久的家族問題の脈絡に対する情報を解釈すること • 下位関心：食品に対する態度（attitudes）と規範（norms）の開発に関して，家族は何をしてなければならないか。
モジュール C 推論段階	• 結果を評価すること • 下位関心：家族と社会は食品消費パターンに関して何をするべきか。
モジュール D 推論段階	• 価値を置いた目標，代替手段と結果を考慮すること • 下位関心：食品を獲得するために何をするべきか。
モジュール E 推論段階	• 反省的判断と慎重な行動 • 下位関心：個人と家族，社会は食に関する事項に対してどのような行動を取るべきか。

第3章
実践的問題のシナリオ製作

　実践的問題によって家庭科の授業を始めるためには，教師が生徒に学習支援システムの要素を適切に提供する必要がある。脈絡の描写が提示された実践的問題やジレンマのシナリオは社会的課題と権力関係についての生徒の意識を呼び覚ますのに必要である。問題と問題の脈絡，あるいは教室・学校・コミュニティで起こる生活経験を描写している印刷された物語や，ことばで伝える物語の形態，新聞記事，写真，動画，特別な事実，統計資料が，先に述べたシナリオになる（Laster, 2008）。また，＜表2.9＞のような実態から生徒が現在直面している問題や将来直面するであろう問題を抽出して，このような問題に基づいて具体的実際的問題のシナリオを作成し，授業に盛り込むこともできる（表2.12〜2.14，図2.2参照）。

　このプロセスで重要なのは，提示された実践的問題のシナリオに生徒の問題解決を可能にする具体的条件が含まれているかである。含まれていなければ，問題が提示されたとき，生徒は何をしたらよいか，わからなくなるのではないか，を検討しなければならない。ここでの具体的条件とは，カリキュラムや教師が再構成した授業で扱おうとする概念，その問題に関連した社会文化的脈絡，歴史的脈絡などをいう。

　この時，段階的に適切な推論プロセスのチャートや実践的推論思考シート（reasons assembly chart/think sheet）を使えば，生徒の探究と資料の組織化の促進を支援することができる。これらは，生徒の，①問題・課題の成功的解決に影響を与える脈絡的要因，②代替の選択肢や行動を創造したり評価したりする判断基準としての役割を果たすことになる価値を置いた目標，③選択肢と行動，④選択肢と行動の結果に対して生徒が自ら考えることができるように支援するからである。最終的に，収集された資料は提案された行動に

関する生徒の推論を明確にするのに役立つ（Laster, 2008）。

　ここでは，実践的問題のシナリオをカリキュラムに基づいて，直接教師が作成したり，新聞記事，写真，映像資料など多様な資料から実践的問題のシナリオとして活用したりすることが可能な資料を紹介する。

01　直接製作した実践的問題シナリオ

　<表 2.12>は，高等学校『家庭科』の『家族の栄養と健康』単元のなかで『栄養問題と食事療法』に関する内容要素をカリキュラムから抽出し，実践的問題のシナリオを作成した印刷資料の例である。ここでは，まずカリキュラムを基礎に実践的問題を開発し，実践的問題解決のための関連概念「問題のある食生活」に関連して，発生する病気をカリキュラムとカリキュラム解説書から抽出する。各病気に関連する問題のある食生活を脈絡にして実践的問題のシナリオを作成する。

<表 2. 12>　直接作成した実践的問題のシナリオ例

単元名：家族の栄養と健康 実践的問題：健康な食生活を営むために何をしなければならないか
栄養問題と食事療法：高血圧，肝疾患，肥満，糖尿病，摂食障害，動脈硬化症 関連概念：問題のある食生活に関連する病気の原因，病気の特性にともなう食事療法

<問題のある食生活に関連する病気：高血圧>

ジンソンは毎朝遅刻をして，いつも 1, 2 時間目までうとうとしている。毎日，夜遅く友だちと集まって酒を飲んで遊び，夜遅く家に帰るので，数時間しか寝られず，毎日遅く起きる。お母さんは，毎朝ジンソンに「起きて，ご飯を食べなさい」と大声を張り上げて起こすが，聞かない。2 時間目が終る頃になると，お腹がすいて目が覚める。昨日，酒を飲みすぎ，食べ過ぎたので，お腹がちょっと痛くて，さっぱりしたラーメン汁を食べたいと思った。休み時間になって，ジンソンは売店に行き，カップラーメンを買って熱い汁まで 5 分で食べてしまった。酒を飲みすぎた日は，ほとんどこのような形だった。昼休みには，ちょっと前に食べたラーメンのためにお腹がまだいっぱいで昼食を食べなかった。今日の体育時間にはサッカーをしたが，良い位置

でボールを蹴るチャンスがきて，「今だ」と思って，足の前にあるボールを力いっぱい蹴った。「ああっ!!」　その瞬間，ジンソンは首の後ろの筋肉がつったので，首の後ろを握ったまま，めまいを起こして倒れた。数分後，運動場の真ん中に救急車が入ってきた。医者は，意識を取り戻したジンソンに，「高血圧だから，これから気を付けなければいけない」と話した。ジンソンはボールを蹴って倒れた時のことを思い出して，まだクラクラしていた。

＜問題のある食生活に関連する病気：肝疾患＞

　高校生ギョンテは小心な性格のために幼い時から学業と友だち関係について多くのストレスを受けた。このようなストレスを解消するために，ギョンテはしばしば PC 部屋でゲームをし，ゲームをする時間が長くなり，親との葛藤から，結局家出をした。こうして，習慣的に家出するようになったギョンテは悪い友だちと交わって，酒やタバコを始めるようになった。初めは目がくらむようで，もうろうとしたが，ストレスがなくなったように感じて気分が良くなった。その後，その友だちと交わるため，自分のストレスをほぐすため，酒やタバコをしばしば利用するようになった。こうして，ギョンテは体育の時間に少しだけ運動をしたり，小さいことに気を遣ったりしても，疲れやすくなったし，すべてのことに意欲がなくなった。周囲の友だちはすくすくと成長しているのに，ギョンテは食欲もなく，いつも疲れていたし，そのたびごとに再び酒とタバコを探した。

＜問題のある食生活に関連する病気：肥満＞

　ミラは学校で身体検査をしたが BMI が 27（過剰体重，肥満）になった。3 か月前，病院に行って測定した時は，23 で正常だった。BMI が増加した理由は，親が衣料品店を始めて，夕食の時間が，親が帰宅する午後 10 時になったからである。

　ミラは，今日，授業で，夜に食べれば太る理由を学んだ。夕方には，私たちのからだは消化器系が仕事をするので脂肪の蓄積が進むということである。肥満から抜け出そうとするなら，夕食をさらに早く食べなければなければならないと考える。だが，親が不在で，1 人で夕食を食べるのは面倒だったり，ご飯の味もしなかったりして，支度して食べなくなる。そういうふうにずっと空腹を抱えて，親が 10 時に帰ってきてご飯を食べるときには，お腹がすいて，普段よりさらに多く食べることになる。だから，ご飯を食べた後は，お腹いっぱいになって，疲れを溜めて寝ることになる。

＜問題のある食生活に関連する病気：糖尿病＞

　ナレはファストフードを好んで食べる。親が仕事なので家には食事が準備されている時が少ないし，またナレは学校の授業が終わると，まっすぐ塾に行かなければならないから，常に塾周辺のファストフード店で食事を間にあわせる。韓国料理を買って食べてもかまわないが，食べものが出てくるのを待つ時間もないだけでなく，チーズや甘いソースがたっぷり振りかけられたファストフードの方がおいしくて食べたい。そして，常にファストフードを口にしたり，あるいは学校給食を少しだけ食べて，休み時間に売店でハンバーガーや菓子，炭酸飲料を買って食べたりしている。また，ナレは受験生なので，常に机に座っていて，体育時間にも座って自習をする時が多くて，活動量が大変少ない方だ。休日にも，外出して友だちに会うよりは，インターネットをしたり，テレビを見てゆっくりしたりするのが好きだ。この頃，しばしば疲れて，トイレにしばしば行くし，空腹感をよく感じて，しきりに何か食べている。また，目の疲れから，たびたび視力が良くなくなるように感じる。そのためか，たびたび神経鋭敏になり，勉強にも集中できない。

＜問題のある食生活に関連する病気：摂食障害…神経性食欲不振症＞

　シュジとタヨンは無二の親友だ。幼い時から似た点が多かった 2 人は夢もまた同じで，その夢はモデルになるということだった。高等学校に入って，それぞれ忙しい毎日を送っていた 2 人は久しぶりに会った。ところで，シュジはタヨンから衝撃的な報告を受けた。自分と同じ身長で体重も似ていたが，今タヨンはシュジに比べて，あまりにも体重が軽くなった。それとともに，44 サイズを着ると自慢した。その時から，シュジはスマートな体形にもかかわらず，44 サイズを着るために体重を減らし始めた。食べものを食べないで，食べても全部吐き出すことが常であった。タヨンをねたみ嫉妬して，友情にもひびが入った。シュジのお母さんは，娘のこのような行動に胸を痛めている。

＜問題のある食生活に関連する病気：動脈硬化＞

　ウンジョンは過去 2 年間，米国に留学した後，韓国に戻った。海外研修や留学は必須コースと堅く信じる母の矢の催促で，高校生になる冬休みにウンジョン 1 人で米国に行くことになった。しかし，ウンジョンは米国の学校生活に適応することができなかったし，友だちも何人かしか，つきあうことができなかった。ますます，口数が少なくなって，感情を隠すようになったし，脂っこい食べものを食べて，ストレスを発散していた。「韓国に戻りたい」というウンジョンの叫びは，ウンジョンが高 2 を終わる時点で受け入れられ，今年，京畿女子高 3 学年に入った。

　2 年間の留学生活にもかかわらず，英語を流ちょうに駆使できないウンジ

ョンをお母さんは理解できないだけでなく，お父さんは海外留学で有名な大学に通ういとこたちとウンジョンを毎日のように比較した。こういうウンジョンのストレスは学校でも続いた。米国で数年生活したという理由で，学校にお金を寄付して入学したという噂が飛び，ウンジョンはいつの間にか，仲間はずれにされたし，一緒に給食を食べる友だちさえなくて，昼休みは苦しいだけだ。それで，ウンジョンはお昼を食べなかったり，売店でパンや菓子を買って教室でこっそり食べたりする。

　下校する頃になると，お母さんがウンジョンを迎えに学校の前に来ていて，すぐに入試塾に連れていき，車で移動する間にウンジョンが米国でしばしば食べたハンバーガーやコーラ，ポテトで夕食を間に合わせた後，11時まで塾で勉強する。同じように，授業が終われば，お母さんがウンジョンを迎えにきて，家に到着するやいなやサンドイッチやチキンを夜食に食べる。明け方2時までお母さんが居間で監督をするので，ウンジョンはベッドに横になれないが，お腹いっぱいにおやつを食べたせいか，いつも，こっくりこっくりと居眠りして机で寝てしまう。お母さんは，そのようなウンジョンを叩いて起こす。最近は，頭が重くてめまいがし，後頭部が引っぱられて，胃腸に血が集中するようだと訴えると，お母さんは全部言い訳だと言って叱り飛ばす。そんな姿を見て，お父さんは「あの子が，めまいがするというのはなぜか。むやみに食べるからか。太らない種類のサプリメントでも飲め！」と言って，お母さんに怒られて争いが始まる。一度騒ぎが起きると，ウンジョンはぼうっとした状態で机にうつ伏せになっておいおい泣く。集中できなくて泣いても，お腹だけはすく。それで引出しのなかに詰め込んだチョコレートでストレスを発散させ，気分転換する。そして，ベッドに横になってあれこれして，4時頃になって寝る。トーストと牛乳で朝食を食べて，疲れた体で登校している。突然，担任の先生から呼び出された！　この前実施した身体検査と健康検査で動脈硬化の初期症状という結果が出たけれど…。

開発者：トン・クデ，チョン・チェリョン，他5人，検討者：イ・スヒ[23]

02　新聞資料を活用した実践的問題シナリオ

　<表2.13>は中学校『食品選択』単元で活用できる実践的問題のシナリオ例である。この単元で扱わなければならない内容・要素をカリキュラムおよびカリキュラム解説書から抽出する。すなわち，『食品選択では作成された献立により，計画的に食品を購入して，経済的，時間的に，合理的な食生活を実践

---

23) 大学生，大学院生，研修教師などの開発資料は皆，研究者が検討・補完したので，以下省略する。

するようにする。この時，多様な食品表示の情報に対する理解を土台に，新鮮で衛生的に安全な食品を選択するようにする』と明示されている。このような概念と社会文化的脈絡が含まれた新聞記事を活用して，実践的問題のシナリオを作成する。

＜表 2. 13 ①＞　食品の選択と購入：食品成分表示と安全

　食品成分の全体表示制度が施行されて 6 ヶ月が過ぎた。10 日，ソウルのある大型スーパーの食品売り場で，販売員にハムの成分について尋ねたが，黙殺され，返事がなかった。ヤンニョム（薬味）豚のプルコギ試食コーナーでも見慣れない成分名があって，尋ねるとすぐに「もしかしたら栄養成分ではないでしょうか」というあいまいな返事だけが帰ってきた。販売員が基礎的な説明さえできないのは消費者からの質問がなかったためである。消費者が尋ねないから，製造会社や流通業社が販売員に教育する必要がなかったのである。食品成分の全体表示制度は消費者選択の幅を広める。添加物が少なかったり，なかったりする食べものを望む消費者は，保存期間が短く，味が少し落ちても，そのような食品を選択する。『チャムサリ（ウェルビーイング，環境フレンドリーな生活）』ブームと合わせて，長期的には食品に使われる添加物数を減らす効果も期待できる。だが，この制度の長所を生かそうとするならば，消費者が食品成分表示を几帳面に見回した後，選択し購買する習慣が定着しなければならない。暗号のように難しく感じられる食品成分表示。それでも時間を作って，成分解読法を学べば，愛する家族の健康を守るのに多いに役に立つ。『原油（国産）40%，液状果糖，ココア調製粉末（オランダ産）3.6%，白砂糖…』，市場で販売されるチョコ牛乳の成分表示である。チョコ牛乳に原油が 40%入っているとすると，残り 60%は何だろうか。こういう疑問がもう少し健康な食品文化を作る。成分の名前はたくさん入った順に表記するようにされている。原油の次に，比重の多い成分は甘みを出す液状果糖であるとわかる。

　すべての食品添加物を熟知するのは現実的に可能でない。食品添加物データベースにある化学的添加物は 424 種にも上り，天然添加物も 201 種である。化学的添加物は皆有害で，天然添加物は無条件に安全ということではない。人類が使ってきた最も古い調味料である塩もナトリウムであるから，気をつけて摂取しなければならないのが現実である。すべての食品添加物が敵なのではない。しかし，安全性が立証された製品を好むならば，よく知っている添加物が入っている製品を選択するのが無難な方法である。すなわち，実際に台所で使う砂糖，塩，小麦，油，ゴマ，米と同じように，よく知っている原材料と成分が表示された製品を購入すれば，健康な食生活に一歩近づくわけである。　　　　　　　　　東亜日報，2007.3.17，記事整理

＜表 2. 13 ②＞　食品の選択と購入：環境にやさしい農産物

　最近，2 才の子を持つ主婦パクさん（28 才）は，割引マートで野菜を買うときに，必ず環境にやさしい農産物コーナーを利用する。一般農産物より，価格は高いが，健康を考えると，環境にやさしいということばの前をそのまま通り過ぎることはできない。お腹の赤ちゃんを考えれば，より一層お金を惜しむわけにはいかない。それでも，心の片隅では環境にやさしい農産物が果たして一般農産物と本当に差があるか信じられないところもある。ひとまず信じて買うが，単に商売上手ではないか，心配である。この懸念に部分的に解答をあたえる調査結果が出た。

　28 日，韓国消費者保護院は市場で販売されている春菊，ゴマの葉，オルガリ白菜，チシャ，若い大根など，5 品目の農産物 98 点（環境にやさしい農産物 52 点，一般農産物 46 点）を対象に調査を実施した結果，一般農産物 2 点（4.3％）から許容基準を超える農薬が検出されたことを明らかにした。反面，環境にやさしい農産物 52 点からは残留農薬が検出されなかった。消費者保護院は「一般農産物 2 点から検出された農薬は人体に及ぼす毒性は弱いが，長期間摂取すると，消化器障害や中枢神経系などに影響を与える恐れがある」と説明した。価格は，環境にやさしい農産物が一般農産物に比べて 1.8〜4.8 倍高いことが分かった。

　消費者保護院は，また，「現在，環境にやさしい農産物は，農薬と肥料を使用している程度によって，有機・転換期有機・無農薬・低農薬農産物など 4 段階に分類されているけれど，大部分が同じ場所で販売され，価格差もないので，消費者が区別して選択するには困難があると調査された」と指摘した。これに伴って，現在，環境にやさしい農産物の範囲について無農薬・低農薬を提案して『有機農産物』と『一般農産物』に区分するなど，消費者が簡単に区分できる分類体系の改善が必要であるとつけ加えた。先進諸国の場合には単に『有機』または『organic』と表示している。消費者保護院は，今回の調査結果を土台に，一般農家の農薬使用に対する警戒心の向上，環境にやさしい農産物の分類の単純化，一般農産物の生産者表記と追跡システムの段階的構築など，制度改善を関係当局に建議する予定である。

マネートゥデイ，2007.2.28，記事整理

＜表 2. 13 ③＞　食品の選択と購入：身土不二食品

　学校給食はもちろん，病院給食，各種機関の給食問題を解決するために，最も緊急な課題は，食材を安全に供給できる食品供給体系を確立することである。今は，輸入農産物の場合に見るように，生産者と消費者が離れていて，お互いが分からない状態だが，食品の生産と消費が成立し，市場競争があると，数千 km 離れた所にもいとわずに食材が供給される。そのような食材を利用した給食の場合，『直営』でも『委託』でも，あるいは該当学校の校長が責任を負おうが負うまいが，常に給食事故が起こる可能性が潜んでいる。消費者から遠く離れたところで生産された食材の場合，生産，輸送，加工プロセスで人の健康に問題になるいろいろな物質や添加物が入るためである。

　学校給食を含む機関での給食を安全に運営しようとするなら，地域で生産された食材を利用しなければならない。生産者と消費者が互いに知っていて，連携して食材を生産し，これを消費するいわゆる『地域食糧体系』（local food system）が位置づけられなければならない。父兄，市民団体などが学校給食法に国内農産物の使用の義務化を明示しようとしているのも，国内農産物が，正体の分からない輸入農産物に比べて，環境にやさしく，安全であるためである。

　地域食糧体系下で，学校給食を運営すれば，今，困難に直面している国内農業と農民を生かすことができるという利点もある。軍隊を含む，政府機関，事業所，学校，病院など，機関の給食に国内の地域農産物を優先的に購入し，給食を提供すればその需要は途方もなく大きいだろう。国内農産物を通した給食は，特に青少年を国内農産物になじむようにさせ食品の選択や社会的意味と関連した教育が可能であることによって，今後国内農産物を引き続き使う側に作用することができる。それだけでない。長期的には，最近大きな社会的問題として提起されている子どもや青少年のアトピーと肥満問題，また食べもの問題と直結しているという点で，質の良い地域農産物の使用は保健医療分野での社会的な費用を予防的に減らす利点がある。こういう多角的な効果のために，先進各国は最近になって学校給食問題に，より一層関心を傾け，地域農産物使用を制度化しているのである。

プレシアン，2006.7.3，記事

＜表 2. 13 ④＞　食品の選択と購入：旬の食品

　この頃は，冬にも市中でイチゴが見られる。赤くてつやつやして，おいしそうに見える。「イチゴは春が旬だから，寒い冬のイチゴはまずいのだ」と話す主婦たちも，「食べたい」とせがむ子どもたちのために小さいパックを１つずつ買うはずだ。冬のイチゴは，表面は赤いが，中までは熟しておらず，中が白い場合が多い。それでも甘みは旬に引けをとらない。旬の香りと味まで皆，期待することは難しい。

　ビニールハウスを作って，その中を暖房する『加温栽培』で私たちは季節にほとんど関係なしに野菜や果物を食べることができる。そのため，この頃の子どもたちはキュウリ，カボチャ，リンゴ，ブドウなどが，どの季節に出回るものなのか，よく分からないという。だが，旬ではない時に作物を育てようとすると，ハウスの中の温度を上げるのに燃料を使わなければならない。そこから出る二酸化炭素は地球温暖化を招く代表的な大気汚染物質である。また，旬の時より，生長条件が悪く，免疫力が弱いので，農薬や化学肥料などの使用量も多くなる。それに比べて，旬の食べものは値段も高くなくて，味も良い。

　ビタミンが非常に豊富で，からだに良い果物や野菜でも，その栄養価は旬の時が最も高い。そして，私たちのからだも夏には夏の太陽を勝ち抜いた作物を食べてこそ，暑さを凌ぐ力を得るし，冬には寒さに強い作物を食べてこそ，からだに良いだろう。健康と食べものに気を使う母親たちは，有機で環境にやさしい農産物だけを子どもに食べさせたいと考える。しかし，一年中，有機カボチャと豆腐を入れたテンジャンチゲや，ビタミンが最も多いというブロッコリーとトマトを食べるよりも，季節によって，その時その時，他のチゲと旬のナムルを食べて，四季を感じて自然の道理に従って生きるということ，それがウェルビーイングの基礎である。四季が明確な韓国には昔から季節ごとに多様な食べものがあった。

　今のような冬の時には，キムチとシレギクク（干し野菜を入れたみそ汁），清麹醤（チョングッチャン，大豆から作ったみその一種，主としてチゲに用いる），各種乾燥野菜のナムルがあって，焼きイモやトンチミ（大根キムチ）をおやつに食べる。子どもと一緒に季節ごとに，どのような野菜や果物が出回るかを調べると，香りの高いイチゴと若菜を想像して，春を待つ喜びを持ちたい。

ハンギョレ，2007.1.28，記事整理

＜表 2. 13 ⑤＞　食品の選択と購入：輸入農産物と安全

　中国の大型スーパーマーケットで流通している一般農産物のうち，1/3 ほどが残留農薬の許容値を超えていることが確認された。国際的な環境団体『グリーンピース』中国支部の『グリーンピース・チャイナ（以下グリーンピース）』が中国広東地域の大型スーパーマーケット・チェーン『パークンショップ（ParknShop）』と『ウェルカム（Wellcome）』の 2 か所の農産物を対象にした検査結果である。

　グリーンピースが検査した中国産農産物は全 55 品目。このうち，17 品目（31%）で，国際食品規格コーデックス（CODEX）とヨーロッパ連合（EU）基準値を超える残留農薬が検出された。残留農薬成分サイパーメトリン（Cypermethrin）はコーデックス基準の最大 5.8 倍，クロルピリポス（Chlorpyrifos）はコーデックス基準，ヨーロッパ連合基準の各々最大 12 倍と 240 倍であることが分かった。

　国際的に使用を自制している農薬成分も 5 品目（9%）で検出された。このうち，残留許容値を超過した品目は 4 品目（7%）が調査された。特にインゲン豆とトマトで検出された DDT とリンデン（Lindane）は毒性が非常に強い殺虫剤で発ガン物質に分類される農薬である。

　今まで，韓国内に輸入された中国産農産物は，乾燥や塩漬けなど 1 次加工されたものが多かった。したがって，一般家庭の献立には直接的影響を及ぼさなかった。しかし，ハクサイ，ダイコン，チシャ，ニンジン，桔梗（の根）など新鮮な野菜類の輸入が最近数年間の間に急増している。実際，チシャは 2000 年には輸入が全くなかったが，2005 年には 455 トンも輸入された。さらに，米輸入量も昨年初めて中国産が 12,767 トンで米国産 5,504 トンを抜いた。中国産農産物が食料品店や食品加工場で一般家庭用食品材料にまで，次第に拡大しているのである。

　イ・ジヒョン・ソウル環境連合市民参加局長は「中国政府が輸出戦略商品として管理している有機農産物を除けば，中国産の一般農産物の安全性は相変らず疑わしい部分が多い」として「グリーンピースの調査結果は，中国南部地域に限定されているが，示唆することは大きい」と話した。

メディア Daum，2006.9.28，記事整理

03　写真資料を活用した実践的問題シナリオ

　<図 2.2> は中学校『家庭生活と福祉』単元で活用できる実践的問題のシナリオである。カリキュラム『多様な福祉サービス』の内容要素を抽出した後，家庭生活の福祉問題を共に解決できる実践的問題のシナリオを，写真資料を活用して作成することができる。

> こういう姿を想像していましたか。
>
> 子どもより，おとなが多い国を想像していましたか。
> 2004 年 OECD 国家中，最低出生率の国。
> 世界で高齢化が最もはやく進行している国。
> 2050 年老人人口比率が 37.3%に達する国。
> それらは他でもない韓国である。
> 自分の子どもを持つ喜びと，国の将来を一緒に考えてください。
> 子どもたちは大韓民国の希望です。

<図 2. 2 ①>　育児福祉：写真資料を活用した実践的問題のシナリオ

スンジンは兄と2人きりで住んでいる中学2年の少年少女家長である。今日も学校が終わって家に帰ると, 兄と兄の友だちがいた。スンジンは静かに入って挨拶をした後, バラムさんを確認して顔が赤くなった。バラムさんとは一年前に知りあったが, スンジンに特にキメ細かく対応してくれることに引かれて, 一, 二度, 会うようになった。その

うち, バラムさんと性関係まで持つようになり, 妊娠がわかった後, そのことを言うと, もしかしたらバラムさんが怒るのではないかと怖くなった。スンジンはすでに妊娠6か月を越えたが, 病院にも行けず, 赤ん坊がどれくらい育っているかも知らない。

提供：2009年1級家庭科教師資格研修課程の研修生

＜図2. 2 ②＞　青少年の未婚の母の福祉：写真資料を活用した実践的問題のシナリオ

認知症に孝行息子いない…80歳の老母の現代版姥捨

[クッキー社会〔インターネット放送〕]…老人性認知症によって, 家庭と家族倫理が根こそぎ破壊される残念な事件が発生した。技術職でそれなりに平凡な生活をしてきたキム某（55）氏。『法なしでも生きられる人』と言われたキム氏の家族に暗雲が垂れ始めたのは4年前である。80歳を越えた老母が, 記憶力が突然衰えて, 正常なコミュニケーションが難しくなるなど, 認知症の症状を見せ始めた。キム氏の妻

（50）は老母を受け入れるのは大変だから, 家を出てしまった。キム氏は, 母親の介護で働き口を失い, 収入がなくなり, 経済的困難に陥っている。老母を釜山バプテスト病院の前に捨てようとしたところ, 老母を捨てた疑い（尊属遺棄）で, 非拘束で立件された。

＜図2. 2 ③＞　老人福祉：写真資料を活用した実践的問題のシナリオ

| プルムはお父さんとお母さんに半々ずつ似ました。皮膚の色はママに似ました。
　お母さんはベトナム人の中でも顔の色が少し黒い方です。
　プルムは世の中でお母さんを最も愛しています。（以下省略）
　　　　　　　『お母さんの実家に行きたい』より |

＜図 2. 2 ④＞　多文化家庭の福祉：
写真資料を活用した実践的問題のシナリオ

04　映像資料を活用した実践的問題シナリオ

　＜表 2.14＞は『青少年の食生活』単元で活用できる『スーパーサイズ・ミー（Super Size Me）〔2004 年公開，米国のドキュメンタリー映画。監督・出演モーガン・スパーロック〕』という映像資料から製作した実践的問題のシナリオ例である。本教材では映像資料を提示せず，内容を整理したが，映像資料を授業の意図に合うように再構成して，教師がユーザー制作コンテンツ資料として作成して，使用することもできる。

＜表 2. 14＞　映像資料を活用した実践的問題のシナリオ

| 　米国ではすべてが大きい。車道が大きく，家も大きく，会社も大きく，食べものも大きい。結局，人も大きい…。米国人は今，世界で最もでっぷり太っている。おめでとう，米国人のほとんど 1 億人が過体重や太っているという事実を。こういう人々が米国成人の 60％を越える。1980 年から，過体重や太っている人が 2 倍に増えた。過体重の子どもも 2 倍に増えた。青少年の場合は 3 倍も増えた。米国で太っている人が最も多い州はどこか。ミシシッピ州は 4 人に 1 人が太っている人である。私は西部バージニアで育った。現在，米国で 3 番目に太っている人が多い所である。幼い時，私の母は一日中，料理をしていた。私の記憶では，母はほとんど台所で過ごしていた。私たちは外食をしなかった。特別な日にだけ外食をした。だが，今日では多くの家族が常に外食をしている。
　（中略）米国人の死因のうち，喫煙，次が肥満である。年間 40 万人以上が肥満に関連する病気を持っている。2002 年，少数の米国人しか過体重にお |

びえていない…。（中略）いまだに，米国人4人中に1人が毎日ファストフード店を探している。ファストフードを食べたがる人は，米国だけではない。全世界に広まっている。マクドナルドは，6大陸，100か国で，3万店舗を運営し，毎日，全世界の4,600万人以上がその製品を食べている。米国だけで，全ファストフード市場の43%を占める…。

　ある変わり者の映画監督が，肥満の主犯で，疑惑が濃厚なファストフードの弊害を，身をもって体験することを通じて，告発しようと決心した。1か月，1日3食マクドナルドの食べものだけ食べて，変化する自分の身体を記録し，各都市を歩き回り，医師，栄養士，当局の専門家の肥満に対する各種見解を聞く一方，1日9個のビッグマックを食べてしまうビッグマック信者，イエスや大統領の顔は忘れてもマクドナルド・マスコットのロナルドの顔は確実に覚えている子どもたちを観察して，私たちの生活に食い込んでいるファストフード文化の驚くべき率直な裏面を示している。

　この興味深い実験を始めてから，数日目に，監督は『マックげっぷ』と『マックおなら』を訴え，体重は1週間で何と5キロ増え，無気力とうつ病まで感じた。…このファストフード献立は，予想よりはるかに危険な状態を引き起こす。この変な監督は，死ぬほどむやみに食べる米国人，さらに現代の生活をしようとする自分たちのライフスタイルに，茶目っ気いっぱいの顔で，真剣な厳しい忠告をする。

第 4 章
問いの開発

01　3 つの行動体系に関連する問い

　家族構成員が健康な家族を形成・維持するには，家族が，技術的行動体系，コミュニケーション的行動体系，解放的行動体系の 3 つの行動体系に，適切に参加できる能力があるかどうかにかかっている（Baldwin, 1984）。したがって，家庭科の授業を通じて，このような行動体系に適切に，参加できる能力を育てるべきで，そのための効果的方法の 1 つが授業での発問である。

　3 つの行動体系と関連して，教師が授業中に行うことができる問いの類型には，技術的問い，概念的問い，批判的問いがある（Coomer, Hittman & Fedje, 1997; Selbin, 1999; チェ・ジョンヒョン, 2002）。このうち，暗記中心の低レベルの思考を刺激する技術的問いは知的な能力を啓発するには不十分である。授業が生命力のない知識を単純に伝達する体系になる時，知的好奇心は失われる。したがって，次の 3 種類の問いの類型のうち，概念的問いと批判的問いを授業前にあらかじめ準備しておく必要がある。

1　技術的問い

　技術的行動に関連する問いで，原因と結果，事実，手段や目的に対する理解を確認する時，価値のある問いである。例えば，心臓病を予防するために食事療法をどのようにするか，綿（繊維）の特性は何か，社会的課題になっている家族問題を引き起こすのは何か，家族問題という単語の辞書的意味は何かなどがある。

123

2　概念的問い

　解釈的・コミュニケーション的行動に関連する問いで，特別な事件，考えや概念中心にある精神的イメージを明らかにしようとする時，すなわち，多様な概念の意味を理解したり，どのような概念かを分析して明確にしたりしようとする時，価値のある問いである。このような問いは，人々が実在に対して同じ意味を持たないということを示している。その例として，原始時代に住んでいた人は結婚の意味を種族保存と生存のための手段と考えたが，現代の多くの人は結婚の意味を，愛を受け，愛を与える関係を形成するためと考えるからである。

　家庭科の授業での概念的問いの例をあげれば，結婚の意味は何か，現代社会のどのような要因が家庭に影響を及ぼすか，幸せな家庭はどのような家庭か，親の離婚や別居はあなた（生徒たち自身）にとってどのような意味を持つのか，そういう事件がなぜこのような意味を持つのか，このような意味を持つようになった経験は何かなどがある。このような問いは学習者が持っている考えを互いに共有することで理解できるようになる。概念的問いができる生徒は，自分自身の思考について熟考するし，ひいては矛盾したり，対立したりする衝動，期待（wants），要求に起因する葛藤と不確実性をよく明らかにすることができるし（Coomer, et al., 1997），多様な観点を認めることができる。概念的問いは，学習者のアイデアを拡張させ，ある概念を明瞭化するのに役立つ。しかし，この問いだけでは，その概念が果たして真実であるかについての探求をすることができない限界があり，生徒の行動を変化させるには力不足である。したがって，これらの問いとともに解放的行動と関連する批判的問いが必要である。

3　批判的問い

　真実に対する信念と意味を批判的に分析する時，解放的行動に関連する問いの種類に，概念的問いを通じて得られた事実が果たして真実であるかという疑問を，この問いを通じて明らかにすることができる。例えば，快適な生活

を営むことが幸福なのか, 共稼ぎ夫婦の場合, なぜ男性は女性より家事や子どもの世話をしないのか, 社会は家族問題と同じことに懸念を示しているか, または私たちはこのような問題について基本的な社会通念に逆らうか, 私たちはこの基準が, 家族問題に関して真実であると信じるように教えてきたかなどがある（Coomer, et al., 1997）。

　私たちが, 社会的問題や家族が直面する問題を正確に理解するには, イデオロギーが信念と習慣にあたえる影響を理解しなければならない。批判科学で用いられる問いは, 抑圧的な社会環境を克服するための啓蒙と実践力を増進させる（Selbin, 1999）。批判的問いを通じて, 平等で自由な家庭と社会を作ることができるし, 個人は自主的な自我を形成することができる。この問いを通じて, 生徒は能動的で自覚的な行動をし, 潜在能力を発揮することができる。この問いを通じて, 生徒たちは多角的な視点から状況を検討して, 自分だけでなく, 社会のために最善の行動を模索する。それだけではなく, 自分が信じ従った信念と考えを批判することで思考を転換させるとともに, 行動も変化させることができる。

02　推論段階にともなう問いの例

　哲学的問いは対話と批判的省察を通じて扱うことができる。行動を判断するために使用されている価値は, 家族や教室のなかで使われる哲学的問いの例である。ここで, 実践的推論の手順にしたがって行うことができる問いの類型を提示すると, ＜表 2.15＞, ＜表 2.16＞, ＜表 2.17＞である。

　＜表 2.15＞は, 推論手順にしたがって, 問題を定義する段階, 情報を収集する段階, 代替案を選択し判断の結果を多様に予測する段階に適切な問いの類型を例示している。

　＜表 2.16＞は, ウィスコンシン州の事例では, 1 つの実践的問題で, 1 学期または 1 年間, 実践的推論授業を進める。1 つの恒久的な関心『社会において, 家族のための食品について何をしなければならないか』を考え, 実践的推論授業をしていくとき, 各下位段階で活用することができるプロセスの問い

を提示している。

　<表 2.17> は，オレゴン州の推論手順によって実際に単元に適用した事例である。2007 改訂カリキュラムの第 8 学年『家族の生活』単元は『家族の健康を考慮した献立を作成し，食品の栄養と安全に留意して，食品を選択して元気な食生活を維持する』である（教育人的資源部，2007a）。したがって，この単元の最終的な学習目的は『元気な食生活を維持する』ことなので，ここで『私たちは健康な食生活を維持するために何をしなければならないか』という実

<表2. 15>　推論のための問いの類型

問題を定義する問い	・ 問題は何か。 ・ 多くの人々がこの問題に直面するか。その理由は。 ・ この問題を解決するためにどのようにしなければならないか。 ・ この問題にどのような要因が関連しているか。 ・ この問題に対する意思決定をする前に何を考慮するべきか。
情報収集のための問い	・ この問題を解決するためにどのような情報を得るべきか。 ・ どこで信頼できる情報が得られるだろうか。 ・ 信頼できる情報とはどういうことか。 ・ 最善の選択をするためには，いかなる情報が必要か。 ・ 意思決定をした場合，結果に影響を受ける人は誰か。 ・ 問題を解決するのに必要な資源は何か。
代替案の選択とその結果に対する問い	・ いかなる選択をするべきか。 ・ 他者のために行われた最良の選択は何か。 ・ このような選択が行われるとき，家族，社会にあたえる結果は何か。 ・ 各選択が長期および短期にあたえる結果は何か。
What-If に対する問い	・ この選択を行えば，自分および他者に最良の決定か。 ・ どのような価値と基準に基づいて選択するか。 ・ この選択は自分の人生の目的と価値に適合しているか。 ・ もしこの決定で誰かが助けを得るならば，私の気持ちはどうだろうか。 ・ もしすべての人がこの問題に関して同じ決定を下したならばどうか。 ・ 私が，もし別の状況に置かれても，同じ決定を下すか。

資料：Laster (1982).

践的問題を抽出することができる。この実践的問題を解決していくプロセス
で，適切な問いの類型を示している。教師は，これを参考にして，自身の授業
の意図に合わせて問いを構成していくとよい。

<表 2. 16>　ウィスコンシン州:「家族,食品,および社会(Family, Food & Society)」コース

恒久的な関心:社会における家族のための食品に関して何をしなければならないか。		
モジュール A **推論段階:** **恒久的な家族** **問題の究明**	下位 関心	人々は食品，食品の意味，食品を獲得して利用する方法に関して，なぜ関心を持つべきか。
	プロセスの問い	• 家族と社会で食品と関連する信念と実践を研究することがなぜ重要か。 • 個人および家族が直面する食品に関して重要で恒久的な関心事は何か。 • 食品に関連して，家族の役割は何であるべきか。
モジュール B **推論段階:** **恒久的家族問** **題の脈絡に対** **する情報の** **解釈**	下位 関心	食品に対する態度（attitudes）と標準（norms）の開発に関して，家族は何をしなければならないか。
	プロセスの問い	• 食品に対する態度と標準は何か。 • 環境は食品に対する態度にどのような影響を及ぼすか。 • 食品に対する態度はどのように開発されるか。 • どのような食品への態度が望ましいかを決めるのに家族はどのように状況的情報を利用しているか。
モジュール C **推論段階:** **結果の予測**	下位 関心	家族と社会は食品消費パターンに関して何をするべきか。
	プロセスの問い	• 家族はなぜ現在の食品消費パターンに関心を持つべきか。 • 環境のどのような側面が食品消費パターンに影響を与えるか。 • 家族は消費に関する関心を扱うのに，どのような知的，社会的技術を使うことができるか。
モジュール D **推論段階:** **価値を置いた** **目標，代替手** **段と結果の** **考慮**	下位 関心	食品を得るために何をするべきか。
	プロセスの問い	• なぜ人々は食品を獲得する方式に関心を持つべきか。 • どのような要素と条件が，家族と社会が食品に関する価値を置いた目標を追求する能力に影響を及ぼすか。

		• 個人と家族が食品を獲得し保存して使う最善の方法をどのように決めるか。
モジュール E 推論段階：反省的判断と慎重な行動	下位関心	個人と家族，社会は食に関する事項に対してどのような行動を取るべきか。
	プロセスの問い	• 食に関して何をしなければならないかを決めるのに，どのような種類の推論が含まれるか。 • 食に関する問題を解決するために個人と家庭はどのような種類の行動を取らなければならないか。 • 食に関して合理的で慎重な行動を取ることと関連して，個人と家族は何をするべきか。

＜表 2. 17＞　オレゴン州で提案された実践的推論段階と 2007 改訂カリキュラムの第 8 学年『家族の生活』適用例

オレゴン州で提案された実践的推論段階（*）	推論段階にともなう問い	2007 改訂カリキュラム第 8 学年『家族の生活』段階に適用した例（**）
価値を置いた目標の設定	• 目標は何か。 • 理想的な状況や結果は何か。 • 何が行われなければならないか。 • 何をすることが正当か。	価値を置いた目標のための問い： • 食事提供者は，家族員が健康に生活するための最善の食事は何か。 • 他の家族員はどう思うか。 • 家族員が食事を通じて得なければならない必要と要求は何か。 • 家族員が健康な食生活のために願うことは何か。 • 社会が個人の元気な食生活を維持するのに必要なことは何か。 • 家族が健康な食生活を維持するために社会がすべきことは何か。
問題の脈絡の理解	• 家族と社会のなかで，問題状況に影響を与えるどんなことが過去から現在まで起きているか。 • どのような人々が関連したか。	脈絡理解のための問い： • 私たちの家族はどのような食生活をしているか。 • 誰が食事を準備するか。 • 食生活の費用はどの程度か。 • 食事時の家族の雰囲気はどう

	• 目標を達成するためにどのような情報を考慮しなければならないか。 • その情報はどれくらい信頼できるか。 • どのような問いをしなければならないか。	か，規則的な食生活をしているか。 • 栄養バランスの取れた食生活をしているか。 • 加工食品の摂取または外食の比率はどの程度か。
望ましい代替案の探索	• 目標を達成するために役に立つ方法は何か。 • 可能な解決策は何か。	手段を探すための問い： • 家族員は健康な食生活のために適当な食材料をどのように探し，どのように選択するか。 • 家族は食生活のためにどのくらいのお金を支払えるか。 • どのようにしたら家族員皆が願う健康な食生活の構成ができるか。 • 社会は，家族が健康な食生活を維持できるようにどのように変化することが必要か。
行動の結果の考慮	• このようなやり方で行動すれば，どのようなことが起きるか。 • 可能な解決策として行動したとき，それぞれの行動の肯定的・否定的な波及効果は何か。 • このような波及効果が，私，私の家族，地域社会，世界に及ぼす影響は何か。 • すべての人がこの方法を選択するならば，どんなことが起きるか。	結果を予測するための問い： • 食生活の変化の決定は，未来の家族員の健康にどのような影響を与えるか。 • 家族員，企業，社会にどのような長期的，短期的損失と利益を与えるか。 • 変更した食事構成は家族員，社会にとって，どのような長所と短所があるか。 • もし家族，社会，企業が家族の健康な食生活の保護に対してどんな変化もなければ，どうなるだろうか。

*各プロセスは順番にではなく，反復されることがある。

**問いの開発者：ソウル大学大学院・協同課程・家政教育専攻・チョ・ジヨン。

03　実際の授業での問いの構成事例[24)]

　ここでは批判的観点から開発した授業において，問いをどのように構成しているかを分析し，技術的観点の問い，解釈的観点の問い，批判的観点の問いを検討する。また，そのプロセスで，問いの類型を変えることによって授業の意図をよりよく生かすことができるならば，修正された問いを提示し比較する。本開発チームの『献立と食品選択』単元の教授・学習プロセス案とワークシートを紹介すると，次のとおりである。

1　実践的問題と本時教授・学習プロセス案

恒久的本質を持つ問題	生態系との共存のための食品選択に関して,私たちは何をするべきか
下位実践的問題	1. 食品選択時，食材料・資源の影響に関して，私たちは何をするべきか。
	2. 食品選択時，社会的文化的影響に関して，私たちは何をするべきか。
	3. 食品選択関連情報に関して,私たちは何をするべきか。

本時授業案（2/5）	
学習目標	家族の健康を考慮した献立を作成し,食品の栄養と安全に留意して食品を選択し健康な食生活を維持する。
実践的問題	● 食品選択時の情報に関して，私たちは何をするべきか。 ● 食品選択時，社会的文化的影響に関して，私たちは何をするべきか。

24）この授業は 2008 年 1 月 21-22 日と 28-29 日に実施された実践的問題中心家庭科カリキュラム専門家研修課程で，開発・発表した授業指導案とワークシート例（開発教師チーム：シン・ファジン，キム・ジェグァン，キム・ヒョンジャ，イ・ヒョスン）である。

学習資料	教科書，指導案，動画資料，新聞資料，広告資料		授業形態	グループ学習，個別学習
学習段階	学習内容	教授・学習活動		資料および注意点
		教師	生徒	
導入	前時学習確認	● 前時学習確認	● 教科書準備，栄養の歌〔味噌の歌，キムチの歌，野菜の歌など，http://www.naqs.go.kr/〕の歌唱 ● 前時学習内容確認	
	学習動機誘発	● 動画資料提示	● 動画資料を見て，ワークシートの作成および発表	● 動画：農林部，国立農産物品質院<http://www.tvcf.co.kr>
	学習目標提示	● 学習目標提示	● 学習目標を理解し確認する。	
展開	学習活動	● 生徒たちの夕食実態を確認して診断する。 ● 前時学習時，グループ別課題で提示した食品広告を発表させた後，広告でねらっている目的を，ワークシート１を用いて分類する。 ● メスメディア，友人，家族が食品選択にどのような影響を及ぼすのかに関するワークシート２，３に回答し，討論・分析する。 ● 食品選択に影響を	● ワークシートを作成した後，発表。	● 診断シート１ ● ワークシート１ ● ワークシート２ ● ワークシート３ ● ワークシート４ ● ワークシート５ 　私たちの周りにある正しい食品選択を邪魔しわい曲させる社会的，個人的要因を探し，その要因が選択にどのような影響を及ぼすか判断し，正しい選択をし，実践できるようにさせる。

		与える心理的・社会的要素をワークシート4,5に回答し, 討論・分析する。		
整理	学習活動	• 本時学習内容を整理する。ワークシート6を作成し, 仕上げ • 次時の学習予告	• 読み取り資料およびワークシート整理 • 次時学習認知	• ワークシート6 • 実践的問題を思い出して生徒がグループのメンバーの意見を尊重し, 配慮して, 最善の選択をするようにさせる
参考文献	1.ユ・テミョンほか（2004）『考えを広げる実践的家庭科の授業II』新光出版社。 2.ビョン・ヒョンジン（1999）実践的推論家庭科の授業が批判的思考力に及ぼす効果。韓国教員大学校修士学位論文。 3.イ・スヒ（1999）中等家庭科カリキュラム開発に関する研究。中央大学校大学院博士学位論文。 4.京畿道家庭教育研究会　http://kghome.co.kr 5.食生活情報センター　http://dietnet.or.kr 6.http://www.ebs.co.kr 7.国立農産物管理院　http://www.naqs.go.kr/			

　本例の授業で活用した問いを分析した理由は次のとおりである。第一に, 3つの行動体系を育むように, 技術的問い, 概念的問い, 批判的問いを万遍なく行おうとする教師の意図が内在しているためである。第二に, 伝統的な家庭科の授業で見過ごされてきた解釈的行動と批判的行動をうまく行うことができるように, 概念的問いと批判的問いを多くしようとする意図が見えるからである。したがって, 教師が授業で行う問いのプロセスを体験しながら, 3つの行動体系に関連した問いの類型について十分に理解できることを願っている。さらに, 教師自身が直接問いを作成できる力量を育てるのに役立つことを願っている。

　この作業のポイントは, 第一に, 技術的観点からの問いは技術的・道具的行

動に関連する問いで，生活の基本的必需品を確保するために，どのように行動しなければならないかについての知識を持っているかを確認するときに用いる問いであるか，教師が自問しなければならない。第二に，概念的・解釈的問いは解釈的・コミュニケーション的行動に関連する問いであり，共有され，または推論された意味，価値，信念，態度を確認する問いであるか，教師が自問しなければならない。第三に，批判的問いは解放的・批判的行動に関連する問いで，自身の生活を管理する能力や意志，私たちが扱う問題に隠されているわい曲された信念は何であるかを把握するための問いか，教師自らにまず問わなければならない。

2　診断シート

> **[青少年，塾通いで夕食欠食]**
> 　韓国の青少年の食事習慣と健康問題に対する基礎資料を用意するために，全国の小学4，5，6年生と中学1，2，3年生1,020人を対象に，9月15〜21日まで，小中学生の塾通いにともなう夕食の実態に対してアンケート調査を実施した。
> 　　　　　　　　　　—聯合ニュース報道資料（ミン・ビョンドゥ議員室，
> 　　　　　　　　　　政策報道資料），ネイバーニュース，2006.10.13
>
> 　韓国の青少年のうち，相当数が塾通いのために夕食を食べる時間を確保できず，食事を抜いたり，家の外でインスタント食品を摂る不十分な食事をしていたりすることが明らかになった。その結果，成長期の健康はもちろん，学業にも多くの支障をきたしていることが明らかになった。
> 　　　　　　　　　　　　　　　　　　　　　　—ハンギルリサーチ研究所

1. 私たちのグループの夕食の実態を確認してみよう。

　① 1週間の間（月〜金）に，家族と一緒に夕食ができる日は何回程度か。

　　　　　　　　　　　　　　　　　　　問いの類型：技術的問い

　② 学校からまっすぐ塾に行くことによって，塾の周辺で夕食を食べるのは
　　何回程度か。その理由は何か。　　　問いの類型：技術的・概念的問い

　③ 夕食をとらないのは何回程度ですか。その理由は何か。

　　　　　　　　　　　　　　　　　　　問いの類型：技術的・概念的問い

2. 塾の周辺で夕食を食べる場合，よく選ぶ飲食の種類を調べ，長期的に健康
   に及ぼす影響を分析してみよう。

   ① よく選んで食べる飲食の種類と選ぶ理由は何か。

   　　　　　　　　　　　　　　　　　問いの類型：技術的・概念的問い

   ② そのような食品選択を繰り返したときに，予想される結果とそう考える
   　理由は何か。　　　　　　　　　　問いの類型：技術的・概念的問い

3　ワークシート1

1. グループ別に準備した食品広告の内容を書いた後，どのような効果をねら
   った広告か，分かったことを書いてみる。　　　問いの類型：批判的問い
2. グループ別に準備した広告が，良い広告か，有害な広告かを比較分析する。

食品広告内容	広告効果
イ・スンギが『トルレイ・ピザ（ペイコン・トティアピザ）』を多くの女性に見せながら，ヨーデルソングに合わせて「丸ごとの海老がベーコンに，トルレイ，トルレイユー〜サラダがまたついて，マルリルレイ，マルリルレイユー〜」と歌う。	[例示]健康増進，外観向上，一日の活力増進，楽しみ，社会的地位向上　歌とともに，ピザを視覚的に見せることによって，材料をおいしく見せて同時に好奇心を刺激して，外観向上，楽しみの効果を与える。

[推論のための問い]

　①食品広告は信じられるか。なぜそう思うか。　問いの類型：概念的問い

　②食品を選択する時，あなたの決定は広告のどのような意図に影響を受け
　　たものか。　　　　　　　　　　　　　　　問いの類型：批判的問い

　③うわさ，広告，食品会社で提供する情報，報道機関（TV，新聞）のニュ
　　ースで「食品に対する情報」に接するとき，どのような態度で受け入れな
　　ければならないか。　　　　　　　　　　　問いの類型：概念的問い

4　ワークシート2

次の広告の問題点を認識し，良い広告を作ってみる。

> ● マック・モーニング・メニュー
> 世界的なマクドナルド，マック・マフィンで朝を始めてください。
>
> ● チキン・バーガー
> ヨンジャ：チキン・バーガーはどう？　　ジュンチョル：それはかなり小さくない？
>
> ヨンジャ：それじゃあ，ダブル・バーガー？　　ジュンチョル：もっとボリュームがあるのは？
>
> ヨンジャ：それじゃあ…，グリル・マックスバーガー！　　ジュンチョル：ああ，あごに気をつけて。
>
> ● メキシカン・タッカンジョン（鶏肉の甘味揚げ）
> 本当にびっくりするでしょう？／鶏肉でこういう味を出すとは。
> 骨なし鶏の足肉に／甘いソースを混ぜて
> 香ばしさが，そろりと／この驚くべき味メキシカン・タッカンジョン

[推論のための問い]

1. 上の広告の問題点を調べてみよう。　　　　　問いの類型：批判的問い
2. 上の広告のような食品を長期間摂取したとき，現れる可能性がある身体的・精神的有害性を説明する。　　　問いの類型：技術的問い
3. 良い広告文の案を作ってみる。

5　ワークシート3

1. セウォンの家族日記を読んで，食品選択に影響を及ぼす社会的要素を調べてみる。

■セウォンの姉（中3）

> この数日間，消化がよくない。食堂で並ぶのが嫌で，他の友だちは外に出て行って買って食べるのに，私1人給食を食べるのは良くないから，友だちと学校の前の店でラーメンやハンバーガーで間に合わせている。今日は食堂で夕食をしなければならないと思うのだが…昨日まで友だちに奢ってもらって，今日は私が買わなければならない番だが…友だちが何というかが悩みだ。

■セウォン（小 5）

　今日，わたしの仲良しの友だちが誕生日に招いてくれた。昨日，チキンを買ってほしいとお母さんに話したが，小言を言われた。でもが，友だちが招待してくれたので，いい気持ちだ！　その上，ピザを食べることができると，もっといいな！　友だちの家に行って，楽しく遊び，おいしいものもたくさん食べたい。ああ胸がドキドキして待ち遠しい。ピザを食べると，一日が幸福で勉強もさらにうまくいくようだ。友だちよ，ありがとう。誕生日に招待してくれて。招待されない友だちはどんな気持ちだろうか。

■セウォンの母親（専業主婦 45 才）

　今日も夫は外食してくるし，長女は 12 時を越えてしか帰ってこないだろう。夕方は学校の食堂で必ず食べろと言ったが。食堂のおかずは非常によくなったので，食べると良いと，他の友人の娘たちは話しているのに…。なぜ私の娘は学校の前のファストフード店にばかり行くのだろうか…。下の娘と一緒に，夕方にはダイコン飯をして食べようか。スープを沸かして，残ったダイコンと，古漬けの白菜キムチをサクサク切って入れてみよう。たれの作り方のレシピを探して，今日はしっかりと作らなければならない。実家の母が懐かしい。会いたい。母に…電話しよう。

[推論のための問い]

1.各事例で食品選択に広告が及ぼす社会的要因は何か。

問いの類型：概念的問い

2.望ましい食品選択をするためにはどのような要素を考慮するべきか。

問いの類型：技術的問い

6　ワークシート 4

　次の事例を読んで，友だちが食品選択にどのような影響を与えるかを説明する。

■事例 1

　ヘジは友だちと一緒にお昼を食べるのが好きだ。彼らはいつも同じテーブルで同じメニューのラーメンやギョーザ，コーラなどを食べる。ある日，ヘジは家庭科の時間に習った内容を実践してみようとすると考えた。それで，お母さんに頼んで，弁当を包んでほしいと言ったが，友だちがからかうのではないかと心配している。

■ 事例 2

> 　ミヨンと親しくしている友だちは高校 2 年の女子生徒で，極度に体重に敏感で，身長に対する体重は標準なのに，減らそうと努力している。いつも TV に出てくる芸能人にあこがれていて，彼女たちの容貌をうらやましいと感じ，深刻な程，整形にも関心が高い。ミヨンはそれらの友だちとは違って，家庭科の時間に栄養素に関する授業を受けた後，バランスの重要性を理解して食べものをまんべんなく食べようと努力している。しかし，友だちと一緒に食事をすると，食事量とメニューの選定が難しく，容貌にまったく無関心で自己管理をしていないと言われる。そこで，次第に，自分が友だちグループから疎外されていると感じている。

[推論のための問い]

1. 食品を選択するとき，友だちは大きい影響を与えますか。そうだとすると，その理由は何か。　　　　　　　　　　　　　問いの類型：概念的問い

2. 食品選択に友だちが肯定的な影響を与える時と，否定的な影響を与える時，各々どのような結果が現れるだろうか。　　　　問いの類型：技術的問い

3. 友だちの影響を肯定的に処理する方法は何か。　問いの類型：技術的問い

7　ワークシート 5

> ## [青少年が塾通いで良くない夕食，健康に深刻な脅威]
> − 小中学生の 71.99%が学校の教科に関連する塾通いをしていることが調査で明らかになった。また，このうち 39.8%が塾通いのために家で夕食を食べることができず，塾や塾の近くで夕食を摂ったり，欠食したりしていると回答した。
> − 塾や塾の近くで食べる場合，42.6%がコンビニ，売店で買って食べることが明らかになったし，何と 20.7%は家に帰るまでお腹をすかしていると答えて，小中学生の夕食の実態が非常に不十分で，めちゃくちゃであることが分かった。
> − 塾や塾の近くで摂る夕食の内容もまた不十分この上ないことが分かった。塾通いの小中学生の 45.4%が三角のりまき，カップラーメンなど，インスタント食品を食べると回答し，串，トッポッキなど，街頭で売っている食べものを食べると回答した小中学生が 25.7%で，7.8%だけがご飯とチゲなど韓食を食べる（*）と回答しており，塾通いの小中学生の健康が憂慮されている。

- 塾通いによる帰宅時間は午後 10 時-11 時になるという小中学生が 20.6％で最も多かった。11 時-12 時 15.2％，9 時-10 時 14.8％，明け方 1 時まで 2.9％，明け方 2 時まで 2.5％，はなはだしいのは明け方 3 時までに帰宅するという小中学生も 1.4％いて，塾通いによって最小限の睡眠および休息時間の確保が難しいことが明らかになった。
- このような生活パターンのなかで，朝，お腹が痛かったり，胸やけになったりして，授業に支障をきたしたことが 1 回以上あった（19.3％），2 回以上（11.9％），3 回以上（6.6％），4 回以上（7.7％）で，半分ほどの小中学生が腹痛および胸やけで授業に支障が起きていることが明らかになった。

　　　　　　　　　　　　　　―聯合ニュース報道資料（ミン・ビョンドゥ議員室
　　　　　　　　　　　　　　政策報道資料），ネイバーニュース，2006.10.13

＊ 内在する偏見：韓食を食べると健康であるという考えが内在している。

[推論のための問い]

1. 上の記事が今日の青少年の生活パターンだとすると，このような問題が現れるようになった要因を，個人および家庭的側面と社会的側面から分析してみよう。　　　　　　　　　　　　　　　　　　　問いの類型：批判的問い

2. こういう実態が個人と家庭，社会に長期的に及ぼす影響を分析してみよう。
　　　　　　　　　　　　　　　　　　　　　　　　　　問いの類型：批判的問い

3. このような問題を解決するための最善の代替案を提案してみよう。
　　　　　　　　　　　　　　　　　　　　　　　　　　問いの類型：技術的問い

4. 夕食またはおやつを選択するとき，真剣に検討しなければならない情報は何だと考えるか。最も重要だと思う順に 3 つを書き，重要だと思う理由を書いてみよう。順に情報を検討して，夕食やおやつを選択する時，長期的に現れる結果を予測してみよう。　　　　　　　問いの類型：批判的問い

8　ワークシート 6

1. 広告関連業者（http：//www.tvcf.co.kr）サイトと参加の広場にアクセスして，今年放映された広告を視聴した後，スコアリングに積極的に参加し，意見を残す。　　　　　　　　　　　　　　　　　　　問いの類型：批判的問い

[**例**]広告を愛する人々に送る手紙―ホットチョコの広告を見て
　母親は 1 人の男の妻ということを改めて感じ，母親が子どものために毎日一緒に献身するのを見て見ぬふりをしているが，全部見ている，大部分，やや無愛想な父親の話のようだ。「私の女を困らせるな」というコメントは，父親の悪気のない頼みではあるが，父親と息子の，男という共通点が，家族の愛とゆるやかに結びつけられて，歳月が流れても，夫婦間の愛，子どもの愛を念願するというメッセージを伝える。今日のように寒い日は，愛する家族と一緒に，フーフー吹きながら食べたい気がする。広告ぐらい，健康にも良い飲み物になることを期待する。

[**例**]バッカス（疲労回復のためのドリンク）の広告

2．2008 年健康カレンダー作り

[**例**]　私の健康カレンダー

日	月	火	水	木	金	土
	家族と健康目標を共有する	タマネギ，ニンジンを食べる日	2 つ先の停留所でおりる日	ラーメンを食べない日	水をたっぷり飲む日	パパ，ママを助ける日
広告をモニターする日	炭酸飲料を遠ざける日	おばあさんに電話する日	給食を残さない日	売店が安くなる日	果物をたくさん食べる日	友だちを激励する日

日	月	火	水	木	金	土

第 5 章
評価項目の開発

　伝統的な方法の限界を認識しているので，教育者たちは生徒の能力と達成
度をさらに意味ある方法で評価しようと研究してきた。本章では，最初に多様
なカリキュラムの観点からみた評価の特徴を確認し，次に家庭科において有
用な代替的評価ツールを探索する。

01　評価の代替的観点

　教師が持つカリキュラムに対する観点は，評価する場合にも重要な役割を
果たす。したがって，教師は授業を設計，開発，実行，評価するすべてのプロ
セスで，一貫した行動を取る努力をしなければならない。特に評価では，信頼
できる観点を直接的に反映させなければならない。
　＜表 2.18＞はブラウン（1978）が分類した 3 種類のカリキュラムの観点に
よって異なる評価要素の，評価の目的，生徒の能力，評価内容，生徒間の関係，
チーム活動，コミュニティに及ぼす教授の影響，教授・学習プロセスで評価す
るとき，提起される質問などの違いをオルソンら（1999）がまとめた内容で
ある。ここで，技術的観点と個人的関連性の観点（Personal Relevance）は
アイスナー（Eisner, 1985）により使われた用語で，ブラウンが支持した批
判科学観点は，アイスナーの 2 種類の観点である社会的再建という観点と認
知プロセスの観点を統合した概念である。
　本教材で指向している批判科学的観点に焦点を合わせて，このような要素
の特徴を検討すると次のとおりである（表 2.18）。
　第 1 に，このような観点からの評価の目的は，社会的問題に関する生徒の
実践力を評価することである。第 2 には，生徒は論点などを明確にし，その

論点を広い脈絡で見ることを学び，実践的推論と批判的思考，傾聴や協働を含む多様なプロセスを通じて，実践しようとする意志を学ぶ。また，多様な観点を見て，理性的な反省的論証を用いることが強調される。第 3 には，この観点では，実際的問題または仮想的問題から成る教科内容と教授・学習プロセス全体が評価対象になる。第 4 には，生徒は協働的な関係で評価に参加することができる。すなわち，生徒は問題を一緒に解くこともでき，他の課題を成就することもできるので，このようなことが同じ活動グループや教師に評価されるという意味である。第 5 には，どの観点でも，生徒たちはチーム課題や活動に参加することでも，批判科学的観点からはチーム活動が評価対象になる。協働と協力のプロセスは批判科学で最も重要なプロセスだし，批判科学観点から評価される核心的な技術または能力であると感じる。第 6 には，各々の観点によって社会を見る観点は違うが，批判科学的観点における根本的な目的は人間環境の改善である。生徒の行動の結果は，社会的環境についての批判と社会改善に向かう動きでなければならない。最後に，批判科学の観点をもつ教師は，生徒が問題を解決するのにどのように活動したかに関心がある。

＜表 2. 18＞　観点による評価の構成要素

評価	技術的観点 （Technology）	個人に関連する観点 （Personal Relevance）	批判科学的観点 （Critical Science）
評価の 目的	● 学習する前に教師／カリキュラムによって規定される結果を評価 ● 情報の細分化された部分に焦点 ● 文書で学習	● 個人の成長の評価 ● 個人の成長の支援	● 社会的問題を解決できる生徒の能力評価 ● 学習促進 ● 探求と問題解決に焦点
生徒の 能力	● 使われる目的により決定：カリキュラムや教師が目的を規定する。 ● 教える中で提示さ	● 開放的で独立的な人格を持つ人間の成長 ● 自意識の成長；生徒は自分だけの独特の可能性を意識	● 課題確認 ● 解決策の生成 ● 実践への意志 ● 脈絡を幅広く見る視野

	れる情報の複製	• 生徒の行動や態度の改善 • 根本的に自分と関連する問題解決	• 実践的推論，批判的思考,傾聴,協働など，多様な活動の適用と，異なる観点から見る能力と決定能力 • 反省的，理性的論争の発達
評価内容	• 教科内容は規則指向的で，経験的科学から得た知識である • 教育のプロセスは決まった規則によって評価される • 生徒の成果は基準により評価される • 単一の意味を持つ普遍的知識	• 個人の成長を見るプロセスと，教科内容を扱う • 生徒にとって意味がある知識は重要	• 評価内容自体が実際的問題または仮想問題 • プロセスと教科内容を問題解決に使用（教科内容+プロセス=内容） • 知識は多重的意味を持つ
生徒たちの関係	• 生徒間の競争	• 個人的 • 生徒は自らの競争や個人の成長を試験	• 協働的 • 生徒は問題解決のために一緒に働く
チーム活動	• 学習は個人的プロセスと見なされるので，チーム活動は評価項目として考慮されない。もし考慮される場合，決まった規則によって，評価。	• 学習は個人的な活動だから考慮されない。考慮されるならば，チーム活動がどれくらい個人の成長に寄与したかが目的	• チームが学習プロセスに関連すれば，チーム活動は評価される（学習が共有される） • チームは問題解決のために使用された行動とプロセスについて省察
共同体に及ぼす教授の影響	• 考慮されない。 • 社会とその環境は受容されなければならず，保護される。	• 自分が社会のなかで独立性を持つための問題解決力の成熟	• 社会のなかの人間環境の改善 • 教育は社会目標の批評と社会改善の動きに関する重要な核心

学習や教授を評価する時,提起される質問例	• 課題の完成度はどの程度か。 • 生徒が完成させたことから何を学んだと考えるか。 • 彼／彼女は，学習結果はどのようにしたらさらに改善されると思うか。 • 彼／彼女は，将来のプロジェクトで追求されるどのようなアイデアを提案したのか。 • 理想的な課題と生徒の課題はどれくらい近いか。 • 答はどれくらい正確か。 • 学習目標をどれくらい達成したか。	• この活動は自分の能力をどれくらい向上させたか。 • この活動を通じて，自分がどれくらい成長したか。 • 学習した新しい力を将来にどのように適用できるか。 • 子どもにとって課題はどれくらい意味があったか。 • 彼／彼女自身の目標を成就するために，生徒はどのような資料や情報を用いたか。 • 生徒はどれくらい自分の目標を達成したか。	• 行動したことなどのうち，何が肯定的／否定的寄与をしたか。 • 経験を通じて，どのような教科内容とプロセスを学んだか。 • 調査を通じて,どのような新しい論点／問題を探したか。 • プロセスがどのように問題解決を助けたか。 • 問題解決のためにどのような資料や情報を用いたか。 • 問題解決のためにどのようにグループ活動をおこなったか。

資料：Olson, Bartruff, Mberengwa & Johnson (1999: 211-214).

02　代替的評価ツール

　ここでは家庭科評価法のうち，学生評価の新しい代替案として提示されているパフォーマンス評価法と，批判的観点からの評価の質問項目開発に焦点を合わせて検討したい。特に，ここでは実際の例を中心に紹介する。

1　パフォーマンス評価

　パフォーマンス評価というのは，生徒自らが自分の知識と技能を表現するために, 答えを作成したり, 成果物を作ったり, 行動で表現するように要求する評価方式をいう。すなわち, 生徒の応答自体が評価されるという意味である。
　パフォーマンス評価は批判科学的観点とよく合致している。パフォーマン

ス評価が信頼できる場合，生徒は「実際世界」の問題を究明して，解決策を模索し，そういう問題を解決するために行動するだろう。焦点は，完成された結果にあるのではなく生徒がどのように多く学び，主題とプロセスをどれくらい適用したかにある。

　生徒はパフォーマンス評価の論点や課題を解決するために一緒に協働する集まりに参加するだろう。生徒間の関係とともに，このようなグループ活動もまた評価される。これには批判科学的観点から大変重要だ。生徒はまた，反省的思考に没頭することもできる。これを通じて，生徒は課題がどれくらいよく遂行されたか，何を学んだか，どのようにすれば課題を向上させることができるかを自らに問うだけでなく，そのカリキュラムに関して反省的質問をする可能性がある。

　このような質問の例として，問題解決においてカリキュラムがどのように助けたか，どのような資料が使用されたか，そして問題を解決するためにグループのメンバーはどのようにして活動したかなどがあるだろう（Olson, Bartruff, Mberengwa & Johnson, 1999）。

　現在広く使用されているパフォーマンス評価の方法は，叙述型・論述型評価，口述試験，ディベート，実技試験，実験・実習法，面接法，観察法，自己評価報告，ポートフォリオなどがある。

1) 叙述型・論述型評価ツール例

　叙述型検査はよく主観的検査と言われ，生徒は問題の答を選択するのではなく，直接叙述する。論述型検査も一種の叙述型検査に属するが，個人の主観的見解や主張を説得力があるように論理的に組織していくという点と分量において叙述型検査と区別される。したがって，論述型検査では叙述された内容の深さや分量，論理的構成能力などを評価する（シン・サンオク ＆ イ・スヒ，2001）。

（1）叙述型評価例

　環境ホルモンの定義，環境ホルモンが人体に及ぼす影響，このような問題を解決するための対処方案を個人的・国家的次元で叙述しなさい（600 字以内）。

①　達成基準，評価基準，配点

達成基準：環境ホルモンが人体に及ぼす影響を知り，このような問題を解決するための対処方案を個人的・国家的次元で提示することができる。

評価要素		評価基準	配点
(ア)環境ホルモンについて正確に把握しているか。	上	上に提示された条件の全てを充足させるだけでなく，論理的に意味が通じるとき	10 点
(イ)環境ホルモンが人体に及ぼす影響を正確に叙述しているか。 (ウ)問題解決のための対処方案を個人的および国家的次元で叙述しているか。	中	提示された条件は充足するが，意味がまともに通じなかったり，提示された 3 つの条件のうち，1 種類が抜けていたりするとき	8 点
	下	提示された条件中 2 種類以上欠けていて，論理的にも意味が通じないとき	6 点
備考：全く答えを書いていない場合には 0 点とする。			

②　答案例

　環境ホルモンは，猛毒性農薬や化学材料を原料とするカップラーメンの容器や赤ん坊のプラスチック哺乳瓶に含まれている。化学構造が人体のホルモンと似ていて，人間や動物の体内に蓄積されると，正常なホルモン機能に影響を及ぼす。これによって，生物の生殖機能の低下による精子数減少，女性の生理不規則，奇形出産，性器退化など人体に有害な被害を及ぼす。

　環境ホルモンの被害を減らすためには，まず殺虫剤や農薬によって汚染された農産物の洗浄に気を配らなければならない。第一に，国は残留農薬検査を義務化して農産物生産者の実名制を導入するなど，各種対策を用意して農産物による環境ホルモンの被害を最小化させようにしている。各個人は最初，農産物などを流水，洗浄剤で洗って皮をむくなど，農産物の洗浄に気を配り，農薬に含まれる環境ホルモンの被害を防がなければならないだろう。第二に，化学材料に含まれる環境ホルモンの被害を防ぐ方法として，電子レンジで食べものを暖めるときには，プラスチックやラップを使わないようにし，カップラ

ーメンの容器の使用を制限し，子どものおもちゃは PVC（ポリ塩化ビニル）が含まれるものを避け，できれば木材など天然素材で作ったものを選ぶなど，細心の注意が要求される。

（2）論述型評価例（出題者：ソウル大学衣類学科　フン・ヘソン）

　次の写真資料は PETA（People for the Ethical Treatment of Animals）のメンバーが 2006 年 9 月 27 日，ロベルト・カヴァリ（Roberto Cavalli）の春夏ミラノ・コレクションで毛皮反対運動をする姿を撮ったものである。この団体はこのコレクションだけでなくバーバリー・プローサムのランウェイにも突然登場して「Burberry fur shame（バーバリーの恥）」というプラカードを持って歩き，ショーがしばらく中断されるということが起こった。衣服生産プロセスにおける素材の選択のうち，毛皮の使用に対する自分の見解を明らかにして，その理由を論じなさい。

①　達成基準，評価基準，配点

達成基準：衣服生産プロセスで毛皮素材の使用がなぜ問題になるのか，理解することができ，自分の見解を論理的に提示することができる。

評価要素		評価基準	配点
(ア)衣服生産プロセスで毛皮素材の使用がなぜ問題になるか理解できるか。 (イ)毛皮の使用に対する自分の見解（賛成あるいは反対）を論理的に明らかにしているか。	上	提示された条件を全て，充足させて論理的に意味が通じるとき	10 点
	中	提示された条件中 1 種類が抜けていたり，意味がまともに通じなかったりするとき	8 点
	下	提示された条件がまともに充足しておらず，論理的にも意味が通じないとき	6 点
備考：全く答えを書いていない場合には 0 点とする。			

② **答案例**

　毛皮は，本来，ほ乳動物の皮膚をはがしたそのままのもの（原料毛皮）を言うが，一般的には毛がついているままでなめして，衣服などに利用できるようにしたものを指す。毛皮素材の使用理由は大きく2種類に区分できる。1つは実用毛皮として，毛皮を全て防寒のために使うもので，また他の1つは毛皮を主に装飾のために使う装飾毛皮である。大慨の場合，文明国では毛皮を装飾と実用的防寒を兼ねて使う。

　このような毛皮素材の使用が問題になる理由は，第一に生態系破壊を招くためである。人間のための毛皮素材で使われる動物の種類が多くなく，特定動物が集中的に狩られる。これはやがて自然の餌の鎖である個体集団の急激な数の低下あるいは絶滅につながる。たとえば，ラッコ，オットセイ，銀ギツネなどが挙げられる。これらの動物の数の減少は単にその動物だけでなく，その動物たちの天敵や，食物連鎖のまさに下位の個体にも，顕著に影響を与えるので，問題は簡単ではない。第二に問題になるのは生命体に対する態度である。先に，インターネットに毛皮を作るプロセスが赤裸々に示された動画がアップロードされ，話題になったことがある。タヌキの皮を生きたままはがして，品質の良い毛を得るために『殴り』殺す姿を見て，多くの人々が驚きに耐えなかった。このような態度はともすると人々に人間がすべての動物より優れているという誤った認識を持たせるため，問題になる。

- **毛皮の使用に賛成する場合 :** しかし，毛皮の使用が全て悪いのではない。寒い地方の防寒用には毛皮ほどのものがないためである。ただし，毛皮の対象になる動物を無条件に殺傷しないで，必要なだけ取って，私たちがそれを着用する時，生命の大切さを認知するならば，毛皮の使用は大きく問題にならないだろう。

- **毛皮の使用に反対する場合 :** 毛皮は着用する人数が少なくて高価だから，さらに人気があるという側面がある。装飾用イヤリングを作るために動物何匹を殺すか，実用性は全くないが，展示や誇示のために作られる毛皮

の下着などは，人々に眉をひそめさせる。私たちは，生命の大切さを悟り，毛皮使用を直ちに中断しなければならないだろう。

2)　ポートフォリオ

ポートフォリオとは，自分が書いたり作ったりした作品を継続的体系的に集めた個人別作品集あるいは書類綴を利用した評価方法である。たとえば，生徒が自分の進路を探索していく過程を順に収集しておくことによって，自分に合う進路を選択するのに利用することができる。この資料を持って，専門家に相談を受けるのにも活用することができる。また，教師はこの資料綴りを見て，生徒自身の進路選択に際して，どの程度多くの情報を活用し，どのように多く悩んで決定を下したかが分かり，個別の生徒の進路指導にも利用できるし，生徒が自分の適性に合う大学を選択する時にも役に立つ。その他の，食べもの文化，家族問題などに関する主題別記事一覧集や，環境に関する図や写真，実験・実習の結果報告書などを整理した資料集を評価することもできる（シン・サンオク ＆ イ・スヒ，2001）。

ポートフォリオは，生徒が何を学び，どのように学び，どのような速さで学ぶかについて話すことができるようにする道具として使うことができる。このような目的は批判科学的観点の重要な要素を共通して持っている。ここで批判科学的観点とは，教授法と学習法を指導するのに，主に完成させた作品，コミュニケーション，目標をたてること，反省の結果よりは，プロセスを重視し，個人と家族の福祉増進に影響を与える重要な論点などに対する洞察力を得ることができるようにする。しかし，ポートフォリオは，過度に技術的あるいは個人的関連性（personal relevance）の観点に従う場合もある。ポートフォリオに，生徒の作業の収集だけが含まれたり，教科分野の個人的成長記録しか含まれなかったりする可能性がある。それとは違って，批判科学的観点を使用するならば，ポートフォリオは明確に違って見えるだろう。生徒と教師はポートフォリオの発展プロセスを検証してみて，完成させた作品と生徒の社会的問題を解決していく実践力を評価するだけでなく，ポートフォリオの部分を抜粋するだろう。ポートフォリオには，反省的思考と，利用された情報を検

証してみる証拠があるだけでなく，ポートフォリオに記述されたものなどを通じて，生徒が問題を解決していくのに教育のプロセスがどのように助けたかを知ることができる（Olson, Bartruff, Mberengwa, & Johnson, 1999）。

（1）例

　自分に合う進路を選択するために活用した資料を，次のようにスクラップブックを作って，提出しなさい。

- スクラップブックの表紙に次の事項を書いて提示すること（新聞資料参照）
- 図式化するとき，必ず入れなければならない内容：自分の進路，人生の目標，生き方，尊敬する人物（ある場合だけ），自分の適性・素質・能力・関心，情報収集方法（書籍，インターネット，新聞，インタビュー，雑誌など），選択した職業の展望，支援を受けた方など
- スクラップブックに付加する内容：書籍資料 2〜3 部，インターネットおよび新聞資料 3 部，インタビュー資料 1 部など，収集した資料

　評価基準と配点は次のとおりである。

	評価基準	配点	備考
上	書籍，インターネットおよび新聞，インタビューなどの資料をそろえているとき	5点	ただし，インタビューが難しい場合には，インターネット，手紙等を通じたインタビューも可能である。提出締め切り後5日以内に提出した場合は点数を 0.5 点減点，その後の提出は 1 点減点する。
中	書籍，インターネットおよび新聞，インタビューなどの資料中 1 種類が脱落しているとき	4点	
下	書籍，インターネットおよび新聞，インタビューなどの資料中 2 種類以上が脱落しているとき	3点	

2　実践的問題中心授業での紙と鉛筆による評価の質問項目例

　批判的観点のカリキュラムにおける知識に関する概念は，認識された内容（教科内容）と能動的に認識するプロセス（プロセス知識）から構成される。

また，知識は実際生活における問題解決能力である（Brown, 1978）。したがって，ここでは教科内容知識のための質問項目開発資料（例 1〜5 参照）とプロセス知識のための質問項目開発資料（例 6〜8 参照）を紹介する。

1）　教科内容知識のための質問項目

①　例 1：実践的問題中心授業：生態系保存のための食品選択に関して，私たちは何をするべきか。

1.健康な食生活のために最も適切に食品選択をしているのは？
　　1）好きな歌手が宣伝する食品を購入する。
　　2）スマートな体形のためにダイエット食品の広告を見て購入する。
　　3）友人とうまくつきあうために，しばしば粉もの屋で買って食べる。
　　4）広告に出てきた食品でも表示事項をよく確認した後，購入する。
　　5）流行を追って，歩きながら食べることができる食べものを主に購入する

資料：2008 年 1 月に実施された実践的問題中心家庭科カリキュラム専門家研修で開発・発表した質問項目（開発者：2 チーム）

②　例 2：環境ホルモンに対する論述授業

2.環境ホルモンの脅威から私たちの健康を守るために私たちがしなければならない努力で最も妥当なのは？
　　1）子ども用おもちゃの素材で木材の代わりに PVC が含まれた製品を選択した。
　　2）つやのあるリンゴの代わりに虫食い跡や傷のあるリンゴを選択した。
　　3）可能ならば洗浄力の強い洗剤を使用しようと努力した。
　　4）電子レンジで食べものを温める時，ラップをかぶせた。
　　5）皿を洗う数を減らすために使い捨て皿を使用した。

③ 例 3：リサイクル授業（記事資料活用）

[記事資料]リサイクル（Recycling）

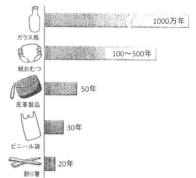

ゴミ発生を減らして，資源を浪費しない方法は何でしょうか。まさに「リサイクル」です。大部分の「ゴミ」は実はリサイクルが可能です。回収されたゴミ全部を分類して，それをリサイクル工場に送ったり，食品ゴミは庭園の堆肥として利用したりすることができます。リサイクルが不可能というより，リサイクルにかかる費用や回収システムに問題があって，活用がうまくいかないでいます。

リサイクルをするためには企業が中古物品を使う能力を持つべきです。また，資源節約は重要だが寿命の長い資源を利用することです。紙のカバンやビニール封筒よりは寿命の長い布製カバンを使い，紙カップよりは陶磁器カップなどを使って，使い捨ての物の使用を減らすのも重要な資源節約の方法です。

3. リサイクルに関する授業を通じて，私たちがこれから取らなければならない行動として正しいのは？
   1）段ボール，ファックス用紙，模造紙などは回収してリサイクルする。
   2）ジュース瓶のような使い捨て瓶は再生不可能なので一般ゴミとして捨てる。
   3）異質物が混ざり合ったゴミ袋をリサイクル品に分類して捨てる。
   4）ラベルがついたワイン瓶はリサイクル不可能なので一般ゴミとして捨てる。
   5）学級行事の時の接着テープ使用を減らし，糊を使う。

④ 例 4：実践的問題中心カリキュラムに基づく授業…自尊感情の向上

4. ヨンスは第 9 学年で，数学がとてもよくできるので，ヨンスの親と先生
は若干高い水準の第 10 学年の数学班に入れることに決めた。しかし，
現在，彼は自分では数学の成績が良くはないと話している。また，彼は
誰も自分が好きでないと感じている。ヨンスが，自分の自尊感情が低い
と考えるのはなぜか。

1）彼は数学が非常に難しいと考えている。
2）彼は彼の新しい数学教師と仲良くできずにいる。
3）彼の親は彼の成功への期待値が低い。
4）彼の先生も彼の成功への期待値が低い。

資料：The Ohio State University（1997）.

⑤ 例 5：実践的問題中心授業…固定観念を把握する

5. 家庭生活と職業生活の調和を妨害する固定観念を最も適切に修正した人
は誰か。

1）結婚後，女性は職業を持たないのが望ましいと考えるヨンス
2）共稼ぎは必須だと考えるヒョンミン
3）外食は無条件で家族の健康を害すると考えるジヒョン
4）共稼ぎの状況で，社会支援体制を利用して葛藤を解決していくヘギョ
5）女性と違い男性は必ず職業を持たなければなければならないと考える
スンホン

資料：2008 年 1 月に実施された実践的問題中心家庭科カリキュラム専門家
研修で開発・発表した質問項目（開発者：4 チーム）。

2）プロセス知識のための質問項目

⑥ 例 6：実践的推論プロセス…問題認識

6. 次の事例は実践的推論プロセスのどの段階に該当するのか。
ある日，チ・ソンは通りを歩いていて，このごろ友人たちの間で最近流
行している『PAMA 防風ジャンパー』を見つけた。チ・ソンと親しい友
人の間でこの服を着ていない友だちはほとんどいない。その上，これは
どういうことだ！　今日 1 日だけ 50％セールをしていて 8 万ウォンで
売るという。今月のお小遣は 5 万ウォンしかないのに，どうしたらよい
だろうか。

1）問題を認識する段階
2）問題の脈絡を理解する段階
3）期待する目標をたてる段階
4）望ましい代替案を探索する段階
5）行動する段階

資料：2008 年 1 月に実施された実践的問題中心家庭科カリキュラム専門家研修で開発・発表した質問項目（開発者：ソン・ウンジュ）。

⑦ 例 7：実践的推論プロセス…情報収集および評価

7. 皆が実践的問題を解決するために情報を収集して評価するとき，どのような戦略が適用されるべきか。

1）皆が最善だと考える観点を支持する情報を使う。
2）問題解決のための科学的方法を使う。
3）ニュース媒体を通じて，利用できる法的資源を調査する。
4）情報が適切で信頼できるか，検討する。

資料：The Ohio State University（1997）.

⑧ 例 8：実践的推論プロセス…代替案探索

8. 次の事例はオンジュが直面した事例である。問題解決プロセスのうち，最善の決定のためにオンジュが最初にしなければならないことは？

　　オンジュは電子辞典を買うべきだと考えて一般辞典は買いたくなかった。それでずっとお金を貯めていた。ところで，どういうことか，叔父さんが遊びに来られてお小遣に 3 万ウォンをくださって，いよいよ待ちこがれた電子辞典を買うことができることになった。
　　ところが〜こういう…問題が生じた。最近，学校であまり見かけなかったギョンニムが，病気がひどくて，病院の費用が不足しているからということで，先生が寄付金を集めようと言う。先生は親に頼むより，友人をより強く思う気持ちから各自のお小遣を出すことにさらに意味があると言っている。3 万ウォンをもっているんだって…。クラスの友だちも，私がお金を持っていることを知っている…。ギョンニムも助けたいんだけど…。だが，このお金を寄付してしまえば，また 1 ヶ月待たなければお小遣はない。どうしたらよいだろう。友だちのために寄付しよ

うか，いや，私がどんなに待った日か。このまま，お母さんにください
と言おうか。

1）オンジュができる選択を整理してみる。
2）お母さんにありのままを話して相談する。
3）オンジュのお金 3 万ウォンを寄付する。
4）金を出さなかったとき，ギョンニムに起きることを考えてみる。
5）最も親しい友人に葛藤していることを話す。

資料：2008 年 1 月に実施された実践的問題中心家庭科カリキュラム専門家
研修で開発・発表した質問項目（開発者：イム・ジョンソン）。

第3部

実践的問題中心カリキュラムに基づく
家庭科の授業の実際

　第 3 部では第 2 部での経験を基礎に，実践的問題中心授業の核心となる要素が全体の授業プロセスでどのような役割をするか，授業を作り出すプロセスを通じて，実践的問題中心授業を理解するようにした。さらに，教師が実際に授業を開発して実行するプロセスについての理解を助けるために，事例を通じて具体的に説明した。

第1章
実践的問題中心授業のプロセス

01 実践的問題中心授業の準備

　教師が実践的問題で授業を始めるためには，実践的問題の開発方式によって実践的問題を開発して（第2部第3章参照），開発された実践的問題に適合する実践的問題のシナリオを作成する（第2部4章参照）。その後，次のように段階的に授業の流れをあらかじめ整理しておかなければならない。第1に，授業で扱う問題の解決に関して，最も理想的な目標や状態を把握しなければならない。第2に，授業で扱う問題解決に必要な，多様な背景と状況を検討して考慮しておかなければならない。第3に，授業で扱う問題を解決するにあたって典型的な方法と代替的方法を探ってみなければならない。第4に，授業で扱う問題を解決しようと思う時，代替案によって行動する時，起きる可能性があることをあらかじめ考えておかなければならない。第5に，問題解決のための戦略を探索し，行動に移そうとするとき，必要な能力を把握しなければならない。第6に，問題解決のための能力を育てて実践できるようにする。

02 実践的問題中心授業の流れ

　ここではオレゴン州の実践的推論段階に合わせて，実際に授業を開発していくプロセスを通じて，実践的問題中心授業の流れを理解してみようと思う。

1 問題を確認する

　教師と生徒は学習資料1『泣く名節？，笑う名節！』(韓国固有の盆・正月)，学習資料2『私たちの家族はどれくらい平等か！』を読んで，私たちが直面し

ている問題（実践的問題）は何か，共に考えてみる。この問題に関して，私たちはどのような行動をしなければならないだろうかと問題提起して，授業を始める。

> 実践的問題：ジェンダー平等な名節文化を創造するために，私たちは何をしなければならないか。

2　問題の背景を理解する

　教師と生徒は，対話を通じて，この問題に関する人々の考えを調べてみる。このとき，固定観念はないか，検討する。この問題と関連している人は誰であり，これらの人々は家事分担または『男は仕事，女は家事』に対してどのような考えを持っているか，検討してみる（普段の自分の家の名節に参加する人々を中心に考えること）。

- 祖母：「私の仕事だけど，〜それでも名節にはお前たち（お母さんと叔母さんたち）が作ってくるから，準備はすぐに終わって気楽で良い〜"（しかし，おじいさんにも嫁にも不平は言えないので，我慢している。）
- 祖父：「女がすべきだ！　器を移すのもさせるな！　」（と台所には入って来ない。）
- 父：「することがあればします，ハハハ」（しかし，こっそりとどこかに行って休んでいたが，母がフルタイムで働き出してからは，朝，皿洗いを引き受けて，果物も自分で剝いて食べるなど，少しずつ変わっている。）
- 叔父：「ジョンヒョンのお母さん（叔母さん），栗とナツメをちょうだい〜剝いておかなければならないね〜私たちのジョンヒョンのお母さんのような人がいない〜お兄さんたちがソウルに去ったあと，あなたの実家に行こう」（としながら，叔母さんの家でも家事を手伝っている。普段も店を一緒に運営し仕事を一緒にしているため，家事も分担しておられることを知っている。）

3　問題の脈絡を理解する（1）

　教師と生徒は対話を通じて，この問題に関連する葛藤や対立する考えはないかを検討する。そのような考えは人々をどのように行動させるかを討議す

る（学習資料3参照）。たとえば，お父さんは家事分担の次元でなく，経済活動でも家事でも互いに適性に合って上手にできる人がしなければなければならないと考えている。したがって，お父さんは『私は生活する男！』と自信ありげに話す。

- 父は，時々，家父長的な家で育ったことが驚くべきことだと考えられるほど，合理的な人だ。もちろん，家父長的な考えや態度を持っているけれども，長い間の社会生活と，なかなか父の教えに従わない子どもたちの養育によって，大きく変わった。母が仕事に行くようになってからは，週末の掃除や朝の皿洗いは，言われる前に自分の仕事と考えて規則的にしている。それでも，名節に集まると，祖父の堅固な雰囲気に巻き込まれるからなのか，部屋に入って休んだり，別のことをしたりしている。
- 祖父は家父長的家族社会の家父長の典型だ。多分，手に水をつけた経験すらないようだ。それで，家事については叱責と検査だけを担当する。
- 叔父さんが2人いるが，2人とも叔母さんと一緒に店を経営している。店で一日中，一緒に仕事をし，しかも1人は食堂を運営しているため，家のなかの家事も，家の外のことも，社会的平均に比べて，より多く分担したいと考えている。

4　問題の脈絡を理解する（2）

　これを通じて，問題の根源を探し，現在もこのような行動をする要因があるか，探究してみる。

- 問題の根源：根の深い通念が残っているようだ。それでも『外の仕事は男だけ』という通念は弱くなっているようだ。2人とも働かなければ生活できない程，物価が高くなって働くことができる人は皆，働かなければならないという考えが広がっているようであるが，『家事は女が担当しなければならない』という通念はまだ健在なようである。男は家事をするが，助けるという考えであるから，気が向いた時だけ助け，それ以上助けるときには恩着せがましくするならば，女の立場からは負担が減らないだろう。そこで『男は外の仕事』という男たちは，名節を，久しぶりに家族に会って話しをし，遊ぶことができる『休日』と感じるようだ。
- 現在，このような行動をする要因：私の家ではお母さんが長く専業主婦だったことが，お母さんがほとんど全面的に家事をすることになった理由の

> ようだ。
> 　また，中高等学校の時，勉強に専念できるように，私や弟（妹）たちに（食後に茶碗を運ぶ，水を飲んだら満たしておく，自分の机を清掃するなど）ささいな家事まで免除したのが，今まで継続しているようだ。
> 　そのため，名節にもお母さんがほとんどすべての準備を担当することになるのに，家父長的な雰囲気が強い実家に男たちが集まると，体面のためか，普段の各自の家での状態よりも，その現象がもっと強まるようである。

5　価値を置いた目標をたてる

　対話を通じて，［学習資料］の状況で，ある観点が価値を置いた価値目標（人間生活の質とその正当性に対する価値）に達するかを決める。ここでは家族の誰か１人の犠牲や献身によるのではなく，『家族構成員全員が一緒に幸福になる』観点から価値を置いた目標をたてる。

> 　ジェンダー平等な名節文化の観点では、私の家族の平等程度は、［学習資料２］のＢにあてはまるが、Ａのようにジェンダー平等な家族になればより良いと思う。名節に女だけが仕事をするのが当然のようになって，反発や闘いなしに行われてきたが，お母さんは大変で，ムシャクシャしながらも笑っているだろう。全員が一緒に仕事をして，準備し，順番にすれば，からだは若干大変かも知れないが，結果的にはさらに楽しいと思う。女たちもあまり大変でなくて，男たちも一緒にする楽しみを感じることができるだろう。

6　望ましい代替案を探索する

　問題の背景になる考えとそれに基づいて行動する時，どのような問題が起きる可能性があるかを検討した後，代替案を検討する。また，変更を試みることができる戦略を探し，それぞれの戦略で行動する時に生じるであろう結果をあらかじめ考える。これを基礎にして，最も道徳的に正当な戦略を選択する。

> - 代替案１：名節のリストを作成して，互いに自分が行動する項目をチェックする。（全員がよくやってくる冷蔵庫の扉のような所に，リストを貼っておくとなお良い。）
> → 　結果予測：女が１人でどんなに多くの仕事をしているか，リストを通し

て，目で見て確認することができる。女たちの負担が明確になるように，家事を終えた後，チェックすれば，チェックする時の達成感があるから，あまりやらないでいると恥ずかしいので，参加することになる。

- 代替案２：「手伝って」と頼んで，男たちが少しでも手伝ってくれた時は，できなくても「上手にできた」，上手にすれば「とても上手にできた」とほめる。感謝の意を表わす。
- → 結果予測：たびたび褒めると，本当に上手なやり方がわかり，気分が良くやることになるようだ。実際はあまりできなくても何度もしていれば〔家事をやることが〕増えないだろうか…（笑）。

- 代替案３：男たちが一緒にやるまでやらない。
- → 結果予測：男たちが最後まで助けなければ，名節の準備自体ができない可能性があり，コミュニケーションがなく人任せという一方的な行動は，ただ女たちが義務を果たさないことを映し出し，女性の地位をさらに狭め，すべての人々を不愉快にさせ，大きな葛藤が広がることもある。

- 代替案４：名節には女たちは大変だということと，皆の名節だから，一緒にやらなければならないということを，対話を通して理解させ，手伝うよう要請する。
- → 結果予測：無意識の根深い通念が説得と対話で簡単に変わるか，疑問である。しかし，同意を得られれば，長期的には一番楽になる戦略である。

- 道徳的に最も望ましい選択：短期的には代替案２を選択し，長期的には代替案４を選択する。

7　行動の結果を考慮する

　どのように，この戦略を実践に移すことができるかを討議し，実践のための計画やプロジェクトなどを遂行する。

　代替案２は行動に移すのが比較的やさしいと思われる。代替案１は効果があるようだが，名節の仕事を男女が一緒にしなければならないという合意ができている状況でなければ，初めに導入するのはかなり難しいだろうし，いつも各自の家ではしているだろうが，皆が一緒に集まるときには，韓国的情緒では少し困難だと思われる。
　小さくて簡単なことから何度も男たちに頼んで実行するときには，感謝して大きい力になることを示して，どんどん褒めるとよい。

●学習資料1：泣く名節？　笑う名節！

　韓国人の最大の名節である中秋節。『多くもなく，少なくもなく，中秋と同じようにせよ』あるいは『豊かな中秋』というのは，昔話の深い意味や情緒には関係なく，女たちには，特に結婚した女たちには中秋節のような名節は辛い日である。これらの話を聞いてみよう。

　[女子の話]
　「食べものの準備は嫁，祭祀は男たちだけ!!　中秋節の名節には非常に徹底した分業が行われたものです。」
　「先祖の祭祀を行うのに，真心を込めなければならない食べものは，苗字が異なる嫁（他人の子孫）が皆準備し，いざ，お辞儀や直会，墓まいりをする時は同じ苗字の息子たちがします。」
　「いっそ，名節のころに病気にでもかかればいいのに，という考えになります。」
　「実家の親は，1月2日が元旦，8月16日が中秋節だと，最初からそのように考えるそうですね。」
　結局『名節症候群』というのは韓国社会の特異な病名にまでなった…。
　最近では，名節は女だけでなく男にも辛いのは同じである。いったい彼らに何が起こったのだろうか。

資料：笑う名節　smile.womenlink.or.kr

●**学習資料2：私たちの家族はどれくらい平等か！**

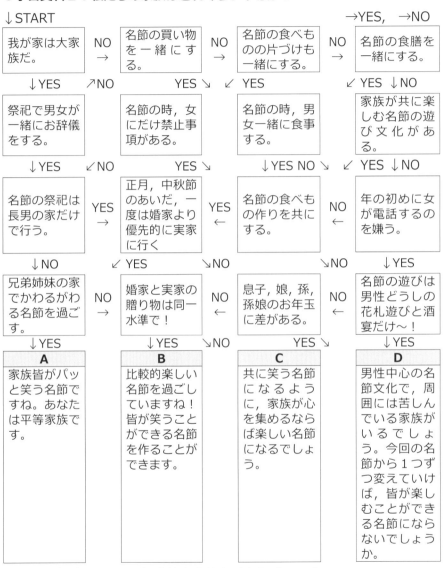

資料：忠南（チュンナム）中等家庭教育研究会（2002）。

165

●学習資料 3：KBS 人間劇場（主夫）

『私は主夫！』と自信ありげに話す男がいる。妻は仕事に行き，夫は育児と家事を専門に担当する。夜，妻と横になっていても『明朝，出勤する妻のためにどんな汁ものを作ろうか』，頭のなかで冷蔵庫のなかをチェックしている。町内会に出て行って，近所のおばさんたちとしゃべることが最も楽しい。仕事に出て行く妻，家事をする男…世の中が変わっている。

- 夫　キム・ジョンハン氏（40）…主夫兼シナリオ作家／一週間に一度大学で講義
- 妻　チョン・キョンヒ氏（36）…淑明（スンミョン）女子大学の広報室勤務／主夫のために日曜日には代わりに子どもの世話をする。
- 息子　ヨンドン（4）…友だちの家では，なぜお父さんでなく，お母さんが家にいるのか，いぶかしがる。
- 息子　チェドン（1）…外出時は，お父さんがおむつカバンと牛乳ビンをまとめる。

男が家事をすることがおかしな時代ではない。といっても，キム・ジョンハン氏の『家事礼賛論』は一歩進んだ感じを与える。今は，家事分担の次元ではなく，経済活動でも家事でも，互いに適性に合って上手にできる人がすることが，経済性と生産性を高めるということである。妻は食事を作っても，自分より味つけが下手だし，台所仕事をしていても，いつも疲れている。しかし，自分は幼いころから台所仕事をする趣味が多かったし，すればするほど楽しみもある。だから，どうして『専業主夫』の仕事をしないではいられない。

また，夫婦は家事に共同の責任と権利があるという意味で，所帯主と家，自動車の名義を妻にした。実は，キム・ジョンハン氏は男女の区別があって，厳格な安東（アンドン）出身である。しかし，彼の父も家の家事を引き受けている。男が家事をするのを自然に学んできたわけである。

最近，キム・ジョンハン氏は妻の実家の男性たちに家事をするよう，積極的に勧めている。彼が主張する『男が家事と育児をすれば良いこと』は 4 種類である。

第 1 に，家事と育児には途方もないエネルギーと労働が必要である。体力がある男性がするとさらに一層能率的だし，生産的だ。

第 2 に，男性は性特性上，女性に比べて，ささいなうつ病や神経質が少ない。一貫性を持って安定した心理で家族，特に子どもたちに対することができる。

第 3 に，より大きいスケール，遠くを見通す見識をもって家事と育児をすることができる。大して重要ではない家事に苦労して，女性たちが生きがいを失くすことを考えてみなさい！

第 4 に，最も重要なことは，妻が幸せであることだ。愛する妻 1 人に仕事と家事，育児という三重苦を負わせることはできない。妻は機械ではない！

第2章
実践的問題中心授業の開発と実行

ここでは，実践的問題中心授業の開発段階 − ①授業の観点を定めること，②実践的問題の開発，③実践的問題中心授業設計 − によって，授業を開発・実行するプロセスを紹介する。

01　授業の観点を定める

本授業の開発者は批判的観点の哲学を持って授業を設計する。したがって，学習者が肯定的な社会的結果を導き出すために，意思決定能力と高い思考力を啓発するように支援する。

02　実践的問題の開発

消費生活単元から実践的問題を抽出するために 2007 改訂カリキュラムとカリキュラム解説書を分析した結果，中学校第 7 学年消費生活単元で指向する観点は『望ましい消費生活の実践』や持続可能な生活を考慮した消費生活であることを，解説書を通じて知ることができる。したがって，この単元の実践的問題は「持続可能な消費のために私たちは何をしなければならないか」を抽出することができる。また，抽出された実践的問題を解決するために必要な内容を，カリキュラムおよびカリキュラム解説書（表 3.1 参照）から，『青少年期の消費特性』，『青少年消費者の意味と役割』，『消費者情報の活用』，『購買意思決定』，『消費者主権』という事実に関する知識概念を抽出することができる。しかし，持続可能な消費と関連して，青少年がどのような行動をするべきかという実践的問題を，実践的推論プロセスを通じて解決しようとするならば，さらに，持続可能な消費の特性，持続可能な消費を阻害する個人的・社会文化的

脈絡などの内容が含まれることが分かる。

　次に2007改訂カリキュラム, 技術・家庭科第10学年の消費に関連する単元では, この単元の指向するところは『公共福祉を考える消費文化と持続可能な消費文化構築のための消費生活をしようとするならば, どのような努力と行動が必要なのか, 具体的な方案を探り実践することができるようにする』と提示されている。したがって＜表3.2＞の内容では『持続可能な消費文化形成のために私たちは何をするべきか』という実践的問題を抽出できる。また, 抽出された実践的問題を解決するのに必要な内容は, 韓国消費生活文化の特徴, 現代大衆消費社会における消費の変化, 健全な消費文化を阻害する要因 (体面重視の消費, 誇示消費, 流行追求の消費など), コミュニティのための消費者責任, 消費倫理であり, これらの消費生活文化が形成された社会的, 経済的, 文化的背景, 世界の他の国の消費文化の事例などを抽出することができる。

＜表3. 1＞　第7学年　消費生活教育の内容

＜第7学年＞（2）青少年の生活　　（ウ）青少年の消費生活	
カリキュラム	（ウ）青少年期の消費の特性を理解して, 自分の消費生活を評価して望ましい消費生活を実践する。
カリキュラム解説書	青少年期は親から独立した消費行動が増加し, 同じ年頃の集団やマスメディアの影響力が大きく, 価値観の混乱などによって, 衝動的で, 非合理的な消費行動を見せるなど, 多様な特徴がある。 　したがって, 青少年の消費者の意味と役割, 消費者情報の活用, 購買の意思決定, 消費者主権に関連する内容を包括的に扱うようにする。この時期の消費行動は成人期まで影響を及ぼすので, 健全な消費生活の価値観を形成するようにする。すなわち, 自分の価値観に立って, 自ら消費を決定する主体的消費者, 消費者情報の重要性を知り, これを意思決定に適切に活用する情報化された消費者, 自分の消費が社会および自然環境に及ぼす影響を考慮する責任ある消費者としての役割を遂行できるようにする。このために, 消費生活関連のテーマを統合的に構成して, ロールプレイ, 小規模討論活動, 実践的推論, 多様な事例を通じて, 消費者問題の解決方法などを扱うようにする。これらによって, 実際の生活に移すことができるようにし, 持続可能な生活を考慮する成熟した消費生活の基本的素養を育てるようにする。

＊下線は実践的問題に関連する概念などを抽出するために著者が引いた。

<表 3. 2>　第 10 学年　消費生活の教育内容

	<第 10 学年>（2）家庭生活文化（ア）家族・消費生活
カリキ ュラム	（ア）韓国の家族・消費生活の変化を理解して，世界のいろいろな 国との比較を通じて，多様な生活文化を理解し，直接体験す ることによって，望ましい家族・消費生活文化を創造する。
カリキ ュラム 解説書	―（前段落は家族生活の内容のため省略）― 韓国は貧しく苦しかった農耕文化の時代からユビキタス社会とな った現在にいたるまで，急速な経済成長を遂げた。また，それに よって消費生活文化も大きく変化してきている。これに関して，過去 の韓国消費生活文化の特徴と現代の大衆消費社会における消費の 変化の比較を通じて，健全な消費文化を阻害する要素と，コミュニ ティのための消費者責任と消費倫理の内容が含まれるようにする。 また，このような消費生活文化が形成された社会的，経済的，文化 的背景と，世界の他の国の消費生活文化の事例も含まれるようにす る。また，公共福祉を考える消費文化と持続可能な消費文化を構築 のための消費生活をしようとするならば，どのような努力と行動が 必要か，具体的な方策を探究し実践できるようにする。

*下線は実践的問題に関連する概念などを抽出するために著者が引いた。

03　実践的問題中心授業の実行

1．例 1 : 第 7 学年　消費単元の実践的問題例 　　持続可能な消費のために私たちは何をするべきか。
2．例 2 : 第 10 学年　消費生活文化単元の実践的問題例 　　持続可能な消費文化形成のために私たちは何をするべきか。

1　問題の究明

　『持続可能な消費』とは何か。概念的問いを通じて『持続可能な消費』の定義を生徒と共に探究するために，概念獲得プロセスを利用する。

1)　持続可能な消費の属性や特性にはどのようなものがあるだろうか。

2) 特性のリストのうち，『本質的な特性』は何で，『非本質的な特性』は何だろうか。

3) 本質的な特性を全部持っているかどうかに基づいて，下の例が持続可能な消費と言えるかどうか，チェックする（できれば○，できなければ✕）

- リサイクル
- リサイクル品で作った製品の消費
- リフォーム
- いつもプラグを差し込んだコンセント
- エネルギー効率化製品使用
- 分別排出
- 環境にやさしい製品の購入
- エネルギー効率が低い製品の購入
- 分別回収など
- 再使用
- 過剰包装
- 中古市場利用
- 寄付
- 節水製品の使用
- 使い捨てのものの使用
- 交換
- エコラベル付の製品の購入

●参考資料：他の国の例

[日本] 環境にやさしい低炭素製品（低燃料車，脱炭素経営，クリーン・エネルギー事業など）
- 低燃料車：ハイブリッドカー，電気自動車の高い生産率。ここでハイブリッドカーというのは，既存の一般車両に比べて，有害ガスの排出量が画期的に少ない次世代環境車をいう。
- クリーン・エネルギー事業：石油に代わる風力，太陽熱エネルギーなど，クリーン・エネルギー事業を促進している。
- 脱炭素経営：エネルギー節減を強調する経営。脱炭素経営とは資源を少なく使い，どれくらい効率的に利益を出すかを示す新しい経営指標である。

[ドイツ] 環境にやさしい住宅
- 早くから環境住宅に多くの関心
- 家庭で消費されるエネルギーを減らす努力
- 代替エネルギーについての継続的な実験
- 特殊断熱材使用，環境にやさしい材料の使用
- 自然との調和
- 自発的で積極的な国民の参加

4)　本質的な特性を統合して持続可能な消費の定義を作る

　持続可能な消費とは『将来的に使用できる資源を残しながら，現在の消費欲求を充足させる』消費である。

> **[参考]**　持続可能な開発という国際環境主義の理念を消費者行動の側面から再規定して，消費者が地球環境保全の責任を負い，持続可能な消費パターンを通じて，自らの生活スタイルを変化させる権利と義務を持つというように要約できる。すなわち，消費者は自分の生活スタイルにおいて環境に害を及ぼす消費をできるだけ減らし，環境問題の知識を基礎にした購買の決定と消費の選択を積極的に指向しなければならないということである。

5)　以下の事例 1，2 は何が問題ですか。

　実践的問題のシナリオ（事例 1，事例 2）を通じた実践的問題の究明：持続可能な消費文化形成のために私たちは何をするべきか。

●事例 1

> 　Ａさんは，高 3 と中 3 のきょうだいを育てている平凡な主婦で，江南（カンナム）の中産層階層である。生活費の支出をできるだけ倹約して，貯蓄しようとしている。支出は大きい方ではなく，夫の月給で比較的多く支出している部分があるとすれば，子ども 1 人当たり 3〜4 回の家庭教師を雇う私的な教育費と，時折，子どもや夫，自分に，良い服と靴，カバン，ハンドバッグなどを支出する程度である。
>
> 　夫，自分，長女は，素朴ながらも，時には豊かな消費を楽しむ程度の支出に満足している。しかし，中 3 の息子は過度な消費をして迷惑をかけている。たとえば，有名ブランドの靴を種類別に，しかも新商品が出るたびに買ってくれとせがむとか，名品を買うために学校の後輩たちからお金を奪い取って，警察署で調査を受けており，絶えず高級ブランドの服に固執する。要求どおりに，お金を出すことはできないが，いったい何のためにそのようにブランドに固執して逸脱した行動をしてはばからないのか，親はとうてい理解できない。また，高級ブランドにばかり関心を示し，執着していると，当然勉強は疎かになり，成績は落ち，同じ関心と趣味を持つ友だちどうしで高級品に関する話をすることに時間を費やしている。

●事例 2

　パーティーの準備はミランダがいない間にも続いていたし，彼女が帰ってくると，準備には猛烈に加速度がついた。意外にも非常事態はほとんど起きなかった。すべてのことがきちんと進み，今週の金曜日に慈善パーティーが開かれる予定だった。ミランダは，ヨーロッパにいった時，シャネルでちょうど一着だけという真っ赤なビーズで飾られた長いシース・ドレス〔タイトなワンピース〕を送ってきた。それと似たような黒のシャネル・ドレスを先月 W 紙で見たと，エミリーに話すと，彼女は厳粛にうなずいた。

　「4 万ドル」

　エミリーはそう，うなずいて，『スタイル・ドット・コム（style.com）』にアクセスして，黒いスーツのズボンをダブルクリックした。すなわち，ミランダとともに行くことになるヨーロッパ出張のために，数ヶ月間，使ったサイトだった。

　「何？　4 万…？」

　「そのドレス。シャネルで送った真っ赤なドレス。店頭で買うとすると，4 万ドルだって。もちろん，ミランダはその金額をすべて支払うことはないだろう。だからといって完全に無料ではないが。本当にお見事？」

　「4 万ドルですか？」

　私〔アンドレア・サックス〕はさっきそんなに高い服を手に持っていたとのことが信じられなくて，もう一度尋ねた。そして，4 万ドルを他のものに換算してみた。2 年分の大学の授業料，新居のローン，4 人家族を基準とした 1 年分の給料。いや，遠くへ行かなくてもプラダのバッグを数十個は買うことができるじゃない。ところで，そのドレスがその価格ですか。瞬間，もう分かるべきことは分かったという気がした。そのドレスが，優雅な字体で『ミズ・ミランダ・プーリストリー』と書かれた封筒とともに戻ってきたとき，再び衝撃を受けた。厚いクリーム色の紙には手書きで次のように書かれていた。

- 衣類タイプ：イブニングドレス，デザイナー：シャネル，長さ：足首，色：赤，サイズ：0
- 細部事項：手製ビーズ装飾，若干丸いネックラインでノースリーブ，横コンシール・ファスナー，裏地…厚手シルク。
- サービス：基本
- ドライクリーニング 1 回料金：670 ドル

　請求書の下に店の主人のメモがあった。エライアス社は，ミランダの中毒レベルのばく大な金額のドライクリーニング費用を支払っていた。エアライアス社が支払うお金は，このクリーニング屋の主人が，店の家賃はもちろん自宅の家賃まで支払うことができる金額だった。

　「このように優雅で素敵なドレスを洗濯できて，光栄です。あなたがメト

ロポリタン美術館のパーティーで喜んでこの服を着ることを望んでいます。明示されたように，私どもは 5 月 24 日月曜日のパーティー後の洗濯のために，このドレスを持って行きたいと思います。追加サービスが必要な場合，いつでもご連絡ください。
　　最高のサービスをお約束します，　　　　　　　　　　　コレット」
　　　　　　　　　　　ローレン・ワイスバーガー，『プラダを着た悪魔』

2　推論する

1)　段階 1

　目標や望ましい状態を明確にする推論段階である。私たちが望ましいと考える状態の消費は，討議の結果，持続可能な消費であった。私たちが目標にしなければならない望ましい状態の持続可能な消費とは何か。もう一度，再確認する。

2)　段階 2

　特定の問題に関する背景を理解する推論段階である。名品（高級品）消費がなぜ持続可能な消費にとって問題かについて省察する。

（1）名品（高級品）とは何だろうか？

Tip：名品（高級品）の概念は，匠の精神が宿った芸術作品から，ぜい沢品まであって，その概念が変わってきたことを，記事を通じて考える。

① 60〜70 年代には名品（高級品）は何を意味しただろうか。
② 今日，名品（高級品）は何を意味しているだろうか。

- 掲載日：1968 年 4 月 23 日＜中央日報 5 面＞
- タイトル：亀の背のうえに鶴模様の銀の燭台
- 記事内容：最近，慶尚北道（キョンブクド）義城郡（ウソングン）トウウン山の孤雲寺で，亀と鶴の形状から成る過去の銀工芸の『名品（高級品）』の 1 つで世の中に知られている。それは孤雲寺に保存されている燭台である。

- 掲載日：1976 年 01 月 09 日＜中央日報４面＞
- タイトル：李朝木工家具『名品』展
- 記事内容：新世界美術館の李朝木工家具展は，６年目，よく名前が知られた企画展。韓国の在来木工家具が持つ美しさと有用性（usefulness）を正しく評価して，また日増しに増える愛好家のために道案内になろうと準備した行事である。

- 掲載日：1995 年 04 月＜中央日報＞
- タイトル：名品（高級品）の話
- 記事内容：シャネル，ルイ・ヴィトン，フィリップス，バリー，ヴァシュロン・コンスタンチン，エルメス，スワロフスキー，ジョニー・ウォーカーなどの製品を紹介している。

（2）名品（高級品）消費の原因の探究

　次は，女子高生から中間層のサラリーマン，上流層の主婦まで，彼らが言う「私はこれで名品（高級品）を消費する」に関するインタビューである（キム・ナンド，2007）。次を読んで，人々はなぜ名品（高級品）を買うのか，その理由を探究する。そして，その理由を類似したもの同士に分類する。

概ね４種類程度に分類することができる。
- 流行に遅れるかと思うから，無視されるかと思うから
- 名品（高級品）に変身！　自分を飾って光るようにする，私の心にあたえる満足感
- 上流層になった気持ち，裕福さを誇示
- 高いお金を出して購入するに値する品質などの価値がある

① 「どうしても少数の人々だけが楽しむことができる商品でしょう。私が持つことによって，なんらかの自信や品位があるように見えるために…，そんなことがあります。」　　　　　　　　上流層　30 代　既婚　会社員　男性

② 「私は輸入車を走らせたいから。私，エクス〔現代自動車〕を運転してきましたが，それに乗るくらいなら，レクサスを買いたくて，私はそうですね。それをどう表現すれば良いのか。確かに何か違います。デザイン自体も違うし…」　　　　　　　　　　中上流層　40 代　専業主婦

③　「家がとても裕福でこういう友人が 1 人いるけれど，その友人がベルサーチのシャツとズボンを着ていたが本当にすばらしかったんですよ。『それ，本当に良いよ』と言うと，その友人は私にプレゼントしてくれました。ところで，それを着ると，服も本当に着心地がよいですが，人々の私への対応自体が大きく違って，私の心も違うようでした。それで，その次からは名品（高級品）をたくさん好むことになりました。」

④　「特に江南（カンナム）地方では…，周囲の環境が重要だという気がします。周囲からしきりに見られ，人々が皆持っていると，私もちょっと持たなければならないようで，そうでないと，やぼったくて貧しそうに見えるので…そんな気がします。」　　　　　　　　　　中産層　30 代　専業主婦

⑤　「そして，子どもたちの幼稚園の集まりがあって，行ってみると，自分の名品（高級品）はつまらないように見えるから，また，とてもうらやましく思って購入することになります。」

「私は上流層の生活がしたいし，上流層に少し入りたい。私の目的はアイパーク（高級アパート）を買って住みたいが，それはできない。私はそのような人だと…。だから名品（高級品）も使う。」

⑥　「特別な集まりや他の人に会うとすれば，少しでも名品（高級品）を持っていくことになります。また，それを持っていることによって，外出するとき，堂々としていることができます。自分を堂々としているようにさせます。きっと，鎧と同じように…もしなければ無視される可能性もあるという考えをするようになると思います。」　　　中産層　20 代　未婚　女性

⑦　「一度買えば，10 年，7，8 年，少なくとも 5，6 年着る。一方，何万ウォンかで買って，着てすぐに捨てるよりは，一度，40 万か 50 万ウォンで買って，10 年着ればそれはさらに効果的だろう。無条件に名品（高級品）だとして，買って家に積み上げるのではなくて，必要なものを買って着るのがさらに経済的だと思う。」

⑧　「名品（高級品）の消費者は，他の人よりも目立ち，先を行っている…また，そのとき，名品（高級品）を着たり，持っていたりすれば，相手が自分をもう少し認めてくれるのではないか…そう考えます。」

　　　　　　　　　　　　　上流層　40 代　既婚　会社員　男性

⑨ 「自己顕示欲です。それを身分上昇だと思うでしょうか，はなはだしい場合は…。」

中産層　40 代　専業主婦

⑩ 「私も 1 つ持ちたい，正直そのような気持ちで買ってきました。これを 1 つ必ず着けていけば，私は輝いていると見られるはず…こういう気持ちで買うのではないでしょうか。」

⑪ 「英語で答えてもかまいませんか？　『I deserve it（私はそれに値する）』といったところでしょうか。」

20 代　女子大生

⑫ 「ところで，ウーン…同一視するようです，自信を持てる。自分では…『私は名品（高級品）の他は使わないので。自分が名品（高級品）だから。』少しそう思います。最高の品を使わなければならない，そういう気持ちのためです。」

⑬ 「高等学校 1 学年ですが，子どもたちはバーバリーのマフラーをして通います。それが 20 万，30 万ウォンするといいます。それはあまりにも衝撃でした。それで私も引け目を感じたくないと思って買いました。」

10 代　高校生

- 上の事例を類似したタイプ同士をグループに分類してみよう。
- グループに名前を付けるとするとどうしますか。下表の空欄を埋めなさい。

分類（番号を記載）	ネーミング（名前）
例）②，⑧	高いお金を出して購入するほどの質的価値があると考えて，名品（高級品）を購入する人々

（3）持続可能な消費とは，将来的に使用できる資源を残して，現在の消費欲求を充足させる消費である。したがって，上記のような理由で名品（高級品）を買った場合，それは持続可能な消費か，下の問いに答えなさい。

① あなたはなぜこの商品がほしいのか。

　機能のためか，デザインのためか，商標のためか，流行のためか，あるいは他の誰かがこれを持っていたためか。このブランドがついていなくても，あなたはこれを購入するだろうか。

② この商品の価格は合理的か。

　あなたの所得を考慮する時，適切な選択か，この商品の品質と耐久性を考慮する時，適切な選択か，同種の国産品と比較したとき，適切な選択か。

③ この商品をどのように使うだろうか。

　どれくらい頻繁に，そして長くこの商品を使うことができるか，維持管理に他の費用がかかりはしないか，ひょっとしてこれに合わせるために他の商品を追加で購入しなければならないか，流行の周期や新製品発売の周期などを考慮するとき，まもなく古くなる可能性はないか。

④ この商品は現在のあなたを幸せにするだろうか。

　この商品を買うお金で他のことをしたならば，もっと幸せではないだろうか，この商品の購入を友人や家族に胸を張って言えるか，もしかしたらもっと安く買った周囲の人に価格をごまかされるのではないか。

（4）名品（高級品）消費の問題点の探究

　名品（高級品）消費が持続可能な消費であるかに関して，上で出した結論と，下の内容を参考にして，名品（高級品）消費の問題点に関して話しなさい。

　[**参考 1**]　　『アフルエンザ〔Affluenza，金満病，*Affluenza: The All-Consuming Epidemic*, John de Graaf, David Wann & Thomas H. Naylor, 2001〕』という本の著者は，ぜい沢の原因は異なる場合もあるが，その結果は 1 つの現象に収斂されるという。徐々にぜい沢中毒になっていくというものである。本書の著者は現代人が消費というウイルスに感染して，ぜい沢中毒になっていると診断する。韓国にも多くの消費者がぜい沢品の『中毒』になっていっていると思われる。緑色連合と国民大学校の調査によれば，大学生 2 人中 1 人（55%）は無意識的に消費することが明らかになった。調査対象の 35.8%は『何か消費することがなければ単調だ』と答えた。ショッピング中毒の深刻化という事実を示す例である。
　「麻薬と同じです。初めはまあまあで満足しているが…そのうち，より良いものを買って，まあまあで終わらない買い物をしたいんですよ。」

　[**参考 2**]　　ディドロ効果というものがあります。フランスのディドロという随筆家が部屋着を新しく買うことにしたそうです。まもなく，その美しい部屋着に全く似合わない机に不満を持つようになりました。結局新しい机に変えてしまったということです。同じ理由で，壁かけ，椅子，版画，本棚まで新しく購入して，最終的には書斎全体を変えて，その雰囲気を合わせることになったといいます。このように小さいもの 1 つのために消費が続くことをディドロ効果と呼びます。
　「ウーン…。『私は名品（高級品）を 1 つだけ買い、二度と買わないぞ。』これは，いけないから…それが相次いで…現在，いくつかの小さいものが，このような風なので…。」

　このような名品（高級品）消費の実態が続くとき，個人・家族・社会に長期的に及ぼす影響を分析してみる。

- 個人と家族：

- 社会：

（5）名品（高級品）消費，ぜい沢品の消費は，持続可能な消費をすることができない個人だけの問題か。このような消費ブームに対して，社会に責任はないだろうか。

- 『大韓民国上位 1%だけが乗る自動車』という TV 広告
- 世界最高級水準の高価な物だけが陳列されているデパートの 1 階
- 上位 3%だけが入ることができる名品（高級品）館中の名品（高級品）館と差別化された VIP サービス
- 『ドラマを見ればいつも上流社会だけで，CF を見れば常に幸せな人々だけ』という 015B の歌
- 名品（高級品）特集記事がたびたび掲載される新聞，『luxury』という名前の雑誌

---

① 上記の大衆文化等を見た時，名品（高級品）消費，ぜい沢品の消費に影響を及ぼす社会的要素は何か。

② 持続可能な消費を選択するには，どのような要素が必要か。

3) 段階 3

　目標を達成するための可能な手段や戦略についての推論段階である。私たちは持続可能な消費をせず，ぜい沢を勧める社会的環境を改善するために，何ができるだろうか。代替案を提案してみる。

- PPL（products in placement, プロダクト・プレイスメント／映画やドラマの小物で登場する商品〔映画などの小道具として目立つように商品を配置することで，商品露出を高める広告手法〕）が多いドラマの掲示板に抗議文を載せること
- 消費者市民連帯等を通して，消費者運動に参加してみるなど

---

4)　段階 4

代替的行動の結果についての推論段階である。各々の代替案によって行動した場合，予想される結果は何か。

代替案	短期的結果	長期的結果
個人／家庭内 の結果		
社会的な結果		

5)　段階 5

行動について判断を下すための推論段階である。

（1）どの代替案が，持続可能な消費（価値を置いた目標）のための最善の代替案か。

- 予想される結果から推察した時，どの代替案が最善の代替案か。
- 最善の代替案を選択して，実践に移す。

例）広告関連業者（http://www.tvcf.cqkr）サイトと参加の広場にアクセスして，今年放映された広告を視聴した後，スコアリングに積極的に参加して意見を残す。

3　持続可能な消費のための自分の決心

1)　次は持続可能な消費のための質問用紙である。質問に答え，自分の消費生活を点検してみよう。

リンク：http://down.edunet4u.net/KEDLAA/06/B2/O/ERIS_BIZ_
　　　　1B2006Ov84A.swf

2)　『ほとんどそうではない』と回答した質問項目を中心に，自分がよく見える所に掲示して活用する消費指針書を作ってみる（名刺大の紙を準備して生徒に配る）

●**私の消費指針書**

購入する前にこれだけは必ず！

指導案開発：ソウル大学消費者児童学部　イ・ウンギョン

参考文献

イ・キョンヒ（1987）.「アリストテレスの実践知に関する研究」.『湖南大学学術論文集』. 8（1）, pp. 141-160.

イ・スヒ（1999）.「中等家庭科カリキュラム開発に関する研究」. 中央大学大学院博士論文.

_____（2006）.「実践問題中心家庭生活文化教育」.『韓国家庭科教育学会学術大会資料集』. pp. 105-129.

イ・チュンシク, チェ・ユヒョン, ユ・テミョン（2001）.『実科（技術・家庭）教育目標および内容体系研究 1』. 韓国教育課程評価院.

イ・ハクジュ（1987）.「実践の意味と教育」.『論文集』, 21（1）, 仁川教育大学, pp. 345-365.

_____（1989）.「実践的行為の教育的意味：マルクスとデューイを中心に」. ソウル大学博士論文.

イ・ホンウ（2006）.『知識の構造と教科』. 教育科学社.

_____（2002）.『実科（技術・家庭）教育目標および内容体系研究 2』. 韓国教育課程評価院.

イ・ヨンスク他（2005）.「カリキュラム改訂のための家庭科の代替モデル」.『韓国家庭科教育学会学術大会資料集』. pp. 77-93.

イム・ウイヨン（1996）,「行動, 行為, プラクシス概念の行政倫理的志向」.『韓国行政学報』, 30（3）, pp. 19-33.

オ・キョンソン（2010）.「実践的生活問題を中心とした家庭科カリキュラムの内容の選定と組織：2007 改訂カリキュラムの性格と目標に準じて」. ソウル大学修士論文.

キム・キス（1997）.「アリストテレスの実践知と教育の実際」.『教育哲学』第 17 集. pp. 9-27.

キム・キョンミ（1993）.「韓国家政学の本質究明に関連する根本概念に関する分析的研究」. 梨花女子大学校教育大学院修士学位論文.

キム・チウォン（2007）.「中学校技術・家庭科『食生活』領域に対する実践問題中心授業の開発, 適用および評価：能力形成中心授業との比較を通じて」. ソウル大学修士論文

キム・チェヒョン（1996）.「ハバーマス思想の形成と発展」. チャン・ツゥニクら.『ハバーマスの思想, 主要主題と争点』. ナナム出版.

キム・チソン（1996）.「学業成績と自我概念が青少年非行に及ぼす影響」. 中央大学教育大学院修士論文.

キム・テオ（1989）.「ハバーマスの合理性とその教育への適用の可能性」.『教育哲学』第 7 集, pp. 5-24.

_____（1991）.「ハバーマスのプラクシス理論とその教育実践的議論」.『教育哲学』第 9 集, pp. 151-168.

_____（2006）.「ハバーマスのプラクシス論と教育実践」.『教育思想研究』第 20 集, pp. 83-115.

キム・テオ（2004）.「アリストテレス倫理学における実践知の役割」.『哲学研究』第 65 集, pp. 55-75.

キム・テギル（1998）.『倫理学』. パクヨン社.

キム・ナムヒ（2004）.「道徳的プラクシスにおける位相に関する研究」. 釜山大学博士論文.

キム・ナンド（2007）.『ラグジュアリー・コリア』. 未来の窓.

キム・ヒョンジュ（2002）.「教えることの意味：アリストテレスの『プラクシス』を土台にした教えの理論と実際に関する哲学的研究」. 江原大学校博士論文.

183

参考文献

キム・ポンミ（1991）.「Gadamer 哲学的解析学における実践の意味」. 高麗大学修士論文.
キム・ヨンヒ（1996）.「批判科学としての家庭学概念の再確立と家政学教育の方向性」.『大韓家政学会誌』, 34（6）, pp. 343-352.
教育科学技術部（2008）.『2007 改訂中学校カリキュラム解説（3）：数学, 科学, 技術・家庭』.
教育科学技術部（2011）.『実科（技術・家庭）カリキュラム』. 教育科学技術部告示第 2011-361 号『別冊 10』.
教育人的資源部（2007a）.『実科（技術・家庭）カリキュラム』. 教育人的資源部告示第 2007-79 号『別冊 10』.
＿＿＿＿＿（2007b）. 2007 改訂（教育人的資源部告示第 2007_79 号）にともなう中学校検定図書編纂上の注意点および認定基準.
ク・ボニョン, イ・ミョンソン, チョ・ウンギョン（1994）.『青少年の受験行動。青少年相談問題調査報告書（6）』. 青少年対話の広場. pp. 37-42.
ク・ボニョン, キム・ビョンソク, イム・ウンミ（1996）.『パソコン通信を通じた青少年情緒教育プログラム』. 青少年対話の広場. pp. 11-20.
シン・サンオク, イ・スヒ（2001）.『家庭科教材研究及び指導法』. 新光出版社.
ソン・ヒョンソク（2000）.「アリストテレスにおける実践知の適用段階」.『哲学研究』第 48 冊, pp. 21-43.
チェ・チョンヒョン（1999）.「実践的推論にもとづく家庭科の授業と他の要因が韓国女子高生の意思決定能力に及ぼす影響」.『大韓家政学会誌』, 37（5）, pp. 43-61.
＿＿＿＿＿（2002）.「家庭科教育の新しいアイデンティティ」.『全国家庭科教師集会資料集』, 春号, pp. 157-171.
チェ・チョンヒョン, ユ・テミョン, パク・ミジョン, イ・チヨン（2003）.「実践的推論にもとづく家庭科の授業が中学生の道徳性に及ぼす効果」.『大韓家政学会誌』,41(12), pp. 53-68.
チェ・ミョングァン訳（1984）.『ニコマコス倫理学』. 曙光社.
チェ・ミョンソン（1994）.「対話の教育的意味：ガタマーの解析学的知識論の場合」. 淑明女子大学博士論文.
チャン・チェウォン（1993）.「アリストテレスにおけるフロネシスとプラクシス」. 慶北大学博士論文.
チャン・チュンイク他（1996）.『ハバーマスの思想, 主要な主題と争点』. ナナム出版.
チャン・ホンサン（2005）.「実践（プラクシス）『praxis』と制作（ポイエシス）『poiesis』」.『西洋古典学研究』, 第 23 集, 韓国西洋古典学会, pp. 95-124.
チョン・ヨンジュ, イ・サンボン（2006）.「技術教科の内容を見る二種類の観点：理論的知識と実際的知識」.『韓国技術教育学会誌』, 6（1）, pp. 73-87.
ハ・キラク訳（1998）.『倫理学』. 蛍雪出版社.
パク・スンチャン（2002）.「アリストテレス学問体系についての中世の批判的受容：トーマスアクィナスを中心に」. 韓国学術振興財団研究報告書.
パク・ソンホ（1990）.「アリストテレスの倫理的徳における実践知の役割」.『哲学論集』第 6 集, pp. 131-157.
パク・チョンギュ（1985）.『アリストテレスの実践知』. 曙光社.
パク・ミジョン（2006）.「家庭科教育の将来の発展戦略の探索：アイデンティティ, エンパワメントおよびビジョンを中心に」. 韓国教員大学博士論文.
パン・ションテク（1997）.「アリストテレスにおける実践哲学の定礎」.『人文科学研究』第 3 集, 西経大学人文科学研究所, pp. 193-215.
ピョン・サンボン（1999）.「アリストテレス倫理学における実践的認識の問題」. 高麗大学博士論文.
ビョン・ヒョンジン（1999）.「実践的推論家庭科の授業の批判的思考力に及ぼす効果」. 韓国教員大学修士論文.

ペ・ヨンミ（1998a）.「家庭科教育における青少年問題予防教育のための基礎研究（I）：電話相談事例に現れた青少年問題分析」.『韓国家庭科教育学会誌』, 10（1）. pp. 123-136.

_____（1998b）.「家庭科教育での青少年問題予防教育のための基礎研究（II）：青少年関連新聞記事分析を通じてみた青少年文化」.『韓国家庭科教育学会誌』, 10（2）. pp. 131-144.

ホ・スク訳（1999）.『カリキュラムと目的』. 教育科学社.

ユ・テミョン（1992）.「家庭科教育方向の再照明のための家政学哲学定立の重要性」.『大韓家政学会学術大会資料集』. pp. 43-59.

_____（1996）.「新しい家政学パラダイムの模索と家政学の既存パラダイムの批判的検討」.『大韓家政学会学術大会資料集』, pp. 1-25.

_____（2003）.「家庭科カリキュラム構成のための家庭科の性格，内容構造，家庭科教育を通じてそろえなければならない素養に対する基礎研究(1)：デルファイ調査研究」.『大韓家政学会誌』, 41（10）, pp. 149-171.

_____（2006a）.「家庭科教育における『私の家族生活』領域の教育目標と内容体系研究」.『韓国家庭科教育学会誌』, 18（2）, pp. 77-95.

_____（2006b）「実践的問題中心カリキュラムの理解」.『韓国家庭科教育学会誌』, 18（4）, pp. 193-206.

_____（2007）.「アリストテレスの徳論に基づく家庭科教育における実践概念考察のための試論（1）：実践知（phronesis）と他の徳との関係についての議論を中心に」.『韓国家庭科教育学会誌』, 19（2）, pp. 13-34.

ユ・テミョン, イ・スヒ（2008）. 実践的問題中心家庭科カリキュラム専門家研修教材.

ユ・テミョン, イ・ヒョスン（2009）.「実践的推論家庭科の授業が問題解決力に及ぼす効果」『韓国家庭科教育学会誌』, 21（3）, pp. 203-215。

ユ・テミョン, チャン・ヘギョン, キム・チュヨン, キム・ハンア, キム・ヨスン（2004）.「実践的推論を通じた家族領域授業」.『実践的家庭科の授業1』. 新光出版社.

ユン・ヒジュ（2001）.「アリストテレスの幸福に対する情緒的解釈：ニコマコス倫理学を中心に」. ソウル大学修士論文.

リュ・サンヒ（2000）.「家庭科教師のカリキュラムの方向と教授行動との関連性研究」.『大韓家政学会誌』, 38（8）, pp. 159-168.　　　　　　　〔以上，全てハングル〕

〔日本〕文部科学省（2008）.『中学校学習指導要領解説　技術・家庭編』.

American Home Economics Association (1989). *Home Economics concepts*: *A base for curriculum development*. VA: American Home Economics Association.

American Home Economics Association and et al. (1995). Positioning the profession for the 21st century. Scottsdale Meeting. Scottsdale, AZ.

Arent, H. (1959). *The Human condition.* New York: Doubleday Anchor.

ASCD (2001). Family and Consumer Sciences. Alexandria, Virginia: The author.

Aristotle. Nicomachean Ethics. チェ・ミョンガン（訳）(1984). ニコマコス倫理学. 曙光社。

Aristotle. The Nicomachean Ethics. Translated by. W. D, Ross (1980). Oxford: Oxford University Press.

Aristotle. Metaphysics. The works of Aristotle, Vo1. 8, Translated by. W. D, Ross (1966). Oxford: Oxford University Press.

Baldwin, E. E. (1984). The nature of home economics curriculum in secondary schools. Doctoral dissertation. The Oregon State University.

_____ (1990). Family empowerment as a focus for home economics education. *Journal of Vocational Home Economics Education, 8*(2), pp. 1-12.

_____ (1991). The home economics movement: A new integrative paradigm.

Journal of Home Economics, 83(4), pp.42-49.

Ball, T. (1977). *Political theory and praxis* :　*New perspective*. Minneapolis : University of Minnesota Press.

Barns, J. (1982). *Aristotle*. Oxford: Oxford University Press.

Bobbitt, N. (1989). Summary: Approaches to Curriculum development. In AHEA (1989), *Home Economics Concepts: A base for curriculum development*, Alexandria, VA: American Home Economics Association, pp.43-47.

Brown, M. M. (1978). *A Conceptual Scheme and Decision-Rules for the Selection and Organization of Home Economics Curriculum Content*, Madison WI: Wisconsin Department of Public Instruction.

_____ (1980). *What is Home Economics Education?* Minnesota Research and Development Center for Vocational Education.

_____ (1985). *Philosophical studies of home economics in the United States: Our practical-intellectual heritage*. Michigan State University. East Lansing, MI: Michigan State University.

_____ (1986). Home economics: A practical or technical science? In Laster, J. F & Doner, R. (Ed). *Vocational home economics curriculum: State of the field.* Teacher Education Section, American Home Economics Association.

_____ (1993). *Philosophical studies of home economics in the United States*. East Lansing, MI: Michigan State University.

Brown, M. M. & Paolucci, B. (1979). *Home Economics: A definition.* Washington, DC: American Home Economics Association.

Bruner, J. S. (1960). *The process of education*. Boston, MA: Harvard University Press.

Carr, W. (1995). *For Education.* Buckingham: Open University Press.

Carr, W. & Kemmis, S. (1986). *Becoming critical.* London: The Falmer Press.

Coomer, D., Hittman, L. & Fedje, C. (1997). Questioning: A teaching strategy and everyday life strategy. In J. Laster & R. Thomas (Eds), *Family and Consumer Sciences Teacher Education: Yearbook 17*. Thinking for ethical action in families and communities. Peoria, IL :　Glencoe/McGraw-Hill.

Costa, A. L., & Liebmann, R. M. (Eds.) (1997). *Envisioning process as content: Toward a renaissance curriculum.* Thousand Oaks, CA: Corwin.

East, M (1980). *Home economics, Past, present, and future*. Boston, MA: Allyn and Bacon.

Eisner, E. W. (1985). Five basic orientations to the curriculum. In E.W. Eisner (Ed.), *The educational imagination*. New York: Macmillan.

Fedje, C. G. (1998). Helping learners develop their practical reasoning. In Thomas, R. G. & Laster, J. F. *Inquiry into thinking*. Education and Technology Division, American Association of Family and Consumer Sciences.

Freire, P. (1984). *Pedagogy of oppressed.* New York: Continuum.

Giroux, H. (1989). *Schooling for democracy, critical pedagogy in the modern age.* London: Routledge.

Granovsky, N. L. (1997). New paradigm of home economics for the 21st century: Challenges and perspectives. Keynote speech at the 9th conference of Asian regional Association for Home Economics.

Habermas, J. (1971). *Knowledge and human interests.* Translated by J. Shapiro. Boston, MA: Beacon Press.

_____ (1973). *Theory and practice*. Translated by J. Viertel, Boston, MA: Beacon Press.

_____ (1979). *Communication and evolution of society*. Translated by T. McCarthy. Boston, MA: Beacon Press.

_____ (1984). *The Theory and communicative action. Reason and the rationalization of society.* Vol.1. Translated by T. McCarthy. Boston, MA: Beacon Press.

_____ (1987) *The theory and communicative action. Lifeworld and system: A critique for functionalist reason.* Vol. 2. Translated by T. McCarthy. Boston, MA : Beacon Press.

Hartmann, N. (1932). *Ethics*, Vol. 2, Translated by Coit, S. London: George Allen & Urwin.

Hauxwell, L. & Schmidt, B. L.(1999). Developing curriculum using broad concepts. In Johnson, J. and Fedie, C. (1999). *Family and Consumer Sciences Curriculum : Toward a Critical Science Approach. AAFCS Teacher Education Section Yearbook 19.* Alexandria, VA: American Association of Family and Consumer Sciences.

Hitch, E. J. & Youatt, J. P. (2002). *Communicating Family and Consumer Sciences*. The Goodheart-Willcox Co. 〔邦訳，中間美砂子監訳（2005）.『現代家庭科教育法─個人・家族・地域社会のウェルビーイング向上をめざして』．大修館書店〕

Hittman, L., & Brodacki-Thorsbakken, P. (1995). *The book of questions.* Unpublished manuscript.

Hultgren, F. H. (1982). Reflecting on the meaning of curriculum through a hermeneutic interpretation of student-teaching experiences in home economics. Doctoral dissertation, The Pennsylvania State University.

International Federation for Home Economics (2008). IFHE Position Statement: Home Economics in the 21st Century.

Johnson, J. & Fedie, C. (1999). *Family and Consumer Sciences curriculum : Toward a critical science approach.* Education and Technology Division, American Association of Family and Consumer Sciences.

Kister, J., Laurenson, S., & Boggs, H. (1994). *Nutrition and wellness resource guide*. Ohio Department of Education.

Knippel, D. (1998). Practical reasoning in the family context. In Thomas, R. G. & Laster, J. F. (ed) (1998). *Inquiry into thinking*. American Association of Family and Consumer Sciences.

Kowalczyk, D., Neels, N., & Sholl, M. (1990). The critical perspective : A challenge for Home Economics teachers. *Illinois Teacher*, May/June, pp. 174-177, 180.

Laster, J. F. (1982). Practical Action Teaching Model. *Journal of Home Economics, Fall*, pp. 41-44.

_____ (2008). Nurturing Critical Literacy through Practical Problem Solving. *Journal of the Japan Association of Home Economics Education, 50*(4), pp. 261-271.

Laster, J. F. & Dohner, R. E. (1986). *Vocational Home Economics Curriculum: State of the Field.* AHEA.

Laster, J. F. & Thomas, R. G. (ed) (1997). *Thinking for ethical action in families and communities.* AAFCS.

Lobkowicz, N. (1967). *Theory and practice: History of a concept from Aristotle to Marx*. Notre Dame, Indiana: University of Notre Dame Press.

Macintyre, A. (1984) *After Virtue*. Notre Dame : University of Notre Dame Press.

Martin, J. L. (1998). Practical reasoning instruction in the secondary family and consumer sciences education. In Thomas, R. G. & Laster, J. F. (ed) (1998).

Inquiry into thinking. American Association of Family and Consumer Sciences.

Montgomery, B. (2008). Curriculum development: a critical science perspective. *Journal of Family and Consumer Sciences, 26*, 1-16.

National Association of State Administrators for Family and Consumer Sciences Education (1998). *National Standards for Family and Consumer Sciences Education.*

_____ (2008). National Standards for Family and Consumer Sciences. 2nd Edition.

The Ohio State University (1997). Ohio Vocational Competency Assessment: Resource Management.

Olson, K. (1999). Practical reasoning. In Johnson, J. & Fedje, C. (1999). *Family and Consumer Sciences curriculum : Toward a critical science approach*. Education and Technology Division, American Association of Family and Consumer Sciences.

Oregon Department of Education (1996a). *Family and consumer science studies curriculum for Oregon middle schools.*

_____ (1996b). *Balancing work, family, and community life.*

Peters, R. S. (1967). *Ethics and education*. Scott, Foresman and Company.

Reid, W. A. (1979) Practical reasoning and curriculum theory: In search of a new paradigm. *Curriculum Inquiry, 9*, pp. 187-207.

Rettig, K. R. (1998). Families as contexts for thinking. In Thomas, R. G. & Laster, J. F. (ed) (1998). *Inquiry into thinking*. American Association of Family and Consumer Sciences.

Ross, W. D. (1949). *Aristotle*. London: Methuen & Co., Ltd.

Rowe, C. J. (1971). *The Eudemian and Nichomachean Ethics*. Proceedings of the Cambridge Philological Society.

Schubert, W. H. (1986). *Curriculum: Perspective, paradigm, and possibility.* New York: Macmillan.

Schwab (1970). *The practical: A language for curriculum*. Washington D.C.: National Education Association.

Selbin, S. (1999). Developing Questions in a Critical Science. In *Family and Consumer Sciences Curriculum: Toward a Critical Science Approach.* AAFCS Teacher Education Section Yearbook 19. Alexandria, VA : American Association of Family and Consumer Sciences.

Staaland, E. & Strom, S. (1996). *Family, Food, and Society: A Teacher's Guide.* Wisconsin Department of Public Instruction.

Thomas, R G. & Laster, J. F. (ed) (1998). *Inquiry into thinking.* American Association of Family and Consumer Sciences.

Thorsbakken, P. & Schield, B. (1999). Family Systems of action. In Johnson, J. & Fedge, C. G. (ed) (1999). *Family and consumer sciences curriculum: Toward a critical science approach.* AAFCS.

Walker (1971). The process of curriculum development; A naturalistic methods. *School Review, 80*, pp. 51-65.

188

索引

索引

195

索引

■翻訳者

倉元綾子　西南学院大学人間科学部・教授，医学博士
　著書　　　『家族生活教育：人の一生と家族（第３版）』（監訳，2019，南
　　　　　　方新社），『家族生活の支援：理論と実践』（共著，2014，建帛
　　　　　　社），『家族生活教育：人の一生と家族（第2版）』（監訳，
　　　　　　2013，南方新社），『家政学再考―アメリカ合衆国における女性
　　　　　　と専門職の歴史』（監訳，2002，近代文芸社）ほか
　1955年　　生まれ
　1977年　　奈良女子大学家政学部食物学科卒業（家政学士）
　1980年　　奈良女子大学大学院家政学研究科食物学修了（家政学修士）
　1984年　　大阪市立大学医学部大学院医学研究科生理系生化学修了（医学博士）
　1984年　　神戸女学院大学家政学部・助手
　1990年　　湊川女子短期大学・助教授
　1994年　　鹿児島県立短期大学生活科学科・助教授
　2018年　　西南学院大学人間科学部・教授

実践的問題中心カリキュラムに基づく家庭科授業：理論と実践
―――――――――――――――――――――――――――――――――――

発　行　日　　　2020年2月29日　第1刷発行

著　　　者　　　ユ・テミョン（유태명），イ・スヒ（이수희）
監　　　訳　　　倉元綾子
発　行　者　　　向原祥隆
発　行　所　　　株式会社　南方新社
　　　　　　　　〒890-0873　鹿児島市下田町292-1
　　　　　　　　電話　099-248-5455
　　　　　　　　振替口座　02070-3-27929
　　　　　　　　URL　http://www.nanpou.com/
　　　　　　　　e-mail　info@nanpou.com
―――――――――――――――――――――――――――――――――――

印刷・製本　株式会社イースト朝日
乱丁・落丁はお取り替えします
定価はカバーに表示しています
Printed in Japan
ISBN978-4-86124-420-9 C3077